Kennen Sie Severus Snape?

Rudolf Hein

Kennen Sie Severus Snape?

Auf den Spuren der
sprechenden Namen bei
Harry Potter

Collibri Verlag
Erich Weiß Verlag

© Collibri Verlag und Erich Weiß Verlag, Bamberg 2001
Alle Rechte vorbehalten
Titelbild: Marc Buchner
Gestaltung: Erich Weiß
Druck: Druckhaus Thomas Müntzer, Bad Langensalza
Printed in Germany
ISBN 3-926946-69-5

Vorwort:

Fantasyromane lese ich schon, seitdem ich das Alphabet beherrsche. Selten hat mich ein Romanheld mehr fasziniert als Harry Potter.

Beim zweiten Lesen , als ich, nicht mehr von Spannung zerfressen, in aller Ruhe die kleinen witzigen Details und Anspielungen genießen konnte, fingen die sprechenden Namen der Figuren und Orte an, Wirkung zu zeigen, der Sprachwissenschaftler in mir verlangte nach Erklärungen.

J.K. Rowling hat eine Zeit lang als Sekretärin gearbeitet. In einem Interview bekennt sie: „Bei Besprechungen war ich nie sehr aufmerksam, weil ich andauernd am Rand des Notizblockes an meiner neuesten Geschichte weiterschrieb oder mir richtig schöne Namen für die Personen ausdachte."

So einfach ausgedacht sind die „Randnotizen" aber doch nicht. Die Dame hat sich aus vielen Quellen bedient, teils offen, teils auf Umwegen. Ihren verschlungenen Gedankengängen nachzuspüren hat viele Stunden ausgefüllt, die ich sonst vielleicht damit verbracht hätte, ungeduldig auf den nächsten Roman zu warten.

Ob ich alles richtig getroffen habe, mag ich nicht beschwören. Tausende Leser der Inter-

netfassung dieses Lexikons (www.rudihein.de/
harrypotter.htm) hatten bisher nicht allzu viel
auszusetzen. Allen die mir mit Hinweisen gehol-
fen haben, besonders Frau Cornelia Rémi, sei an
dieser Stelle gedankt.

Frau Rowling zu befragen ist mir leider noch
nicht geglückt.

Bamberg, im Januar 2001

Rudolf Hein

Stichwortverzeichnis Deutsch - Englisch

Agrippa	Agrippa von Nettesheim
Animagus	Animagus
Aragog	Aragog, die Riesenspinne
Arithmantik	arithmancy
Askaban	Azkaban, Askaban
Auror	auror
B.ELFE.R	S.P.E.W.
Bagman, Ludovic	Bagman, Ludo(vic)
Bagshot, Bathilda	Bagshot, Bathilda
Bashir, Ali	Bashir, Ali
Baumschlange (Gift im Viel-Saft-Trank)	boomslang
Bayliss, Hetty	Bayliss, Hetty
Beamtenchinesisch	gobbledegook
Beauxbatons	Beauxbatons
Besenknechts Sonntagsstaat	Gladrags Wizardwear
Bezoar	bezoar
Bilius, Onkel	Bilius, Uncle
Binns, Professor	Binns, Professor
Black, Sirius	Black, Sirius
Blutige Baron, Der	Bloody Baron
Bode und Croaker, die Unsäglichen	Bode and Croaker
Bole	Bole
Borgin und Burkes	Borgin and Burkes
Botts, Bertie	Botts, Bertie
Bozo	Bozo
Bubotubler	bubotuber pus
Bulgarische Quidditchmannschaft	Bulgarian Quidditch Team
Bulle	Bluebottle, The
Bulstrode, Millicent	Bulstrode, Millicent
Bunsen, Arsenius	Jigger, Arsenius
Cadogan, Sir	Cadogan, Sir
Chang, Cho	Chang, Cho

Chudley Cannons	Chudley Cannons
Circe	Circe
Clearwater, Penelope	Clearwater, Penelope
Cliodna	Cliodne
Connolly	Connolly
Crabbe, Vincent	Crabbe, Vincent
Creevey, Colin und Dennis	Creevey, Colin and Dennis
Crockford, Doris	Crockford, Doris
Crouch, Barty	Crouch, Bartemius
Cruciatus-Fluch	Cruciatus
Delacour, Fleur und Gabrielle	Delacour, Fleur and Gabrielle
Delaney-Podmore, Sir Patrick	Delaney-Podmore, Sir Patrick
Dementoren	Dementors
Denkarium	pensieve
Dennis	Dennis
Der Fast Kopflose Nick	Nearly Headless Nick (Gryffindor Ghost)
Derrick	Derrick
Diggel, Dädalus	Diggle, Dedalus
Diggory, Cedric und Amos	Diggory, Cedric and Amos
Dippet, Armando	Dippet, Armando Professor
Dobby der Hauself	Dobby
Dolohov, Antonin	Dolohov, Antonin
Drachen	dragons
Druhbels Bester Blaskaugummi	Drooble's Best Blowing Gum
Dumbledore, Albus	Dumbledore, Albus
Durmstrang	Durmstrang
Dursley	Dursley
Du-weißt-schon-wer	Voldemort
Eeylops Eulenkaufhaus	Eeylops Owl Emporium
Eintracht Pfützensee	Puddlemere United
Eisbecher	Knickerbocker Glory
eklektisches Feuer	eclectic fire
Elfrich der Eifrige	Elfric the Eager
Emmerisch der Böse	Emeric the Evil

Errol, die Familieneule der Weasleys	Errol, the Weasley Owl
Fang, der Saurüde	Fang, the boarhound
Fawkes, der Phönix	Fawkes, the phenix
Fetter Mönch	Fat Friar
Feuerblitz	Firebolt
Fideliuszauber	Fidelius
Figg, Arabella	Figg, Arabella
Filch, Argus	Filch, Argus
Flamel, Nicolas und Perenelle	Flamel, Nicolas and Perenelle
Fleet, Angus	Fleet, Angus
Flint, Marcus	Flint, Marcus
Flitwick, Professor für Zauberkunst	Flitwick, Professor
Flohpulver	floo powder
Florean Fortescue	Florean Fortescue
Flourish & Blotts	Flourish and Blotts
Flubberwürmer	flobberworms
Fluffy	Fluffy
Freud und Leid	Gambol and Japes
Friedlich, Arnold	Peasegood, Arnold
Fuchsbau	The Burrow (the Weasleys' Home)
Fudge, Cornelius	Fudge, Cornelius
Galleone	galleon
Geld (Galleone, Sickel, Knut)	money (galleon, sickle, knut)
Gordon	Gordon
Goyle, Gregory	Goyle, Gregory
Granger, Hermine	Granger, Hermione
Graue Dame	Grey Lady
Grimm	grim
Grindeloh	Grindylow
Gringotts	Gringotts
Grunnion, Alberich	Grunnion, Alberic
Gryffindor	Gryffindor

Gudgeon, Gladys	Gudgeon, Gladys (Lockhart fan)
Habicht, Miranda	Goshawk, Miranda
Hagrid, Rubeus	Hagrid, Rubeus
Halloween	Hallowe'en, Halloween
Hedwig	Hedwig
Hexeninstitut von Salem	Salem Witch Institute
Hinkepank	hinkypunks
Hogsmeade	Hogsmeade
Hogwarts	Hogwarts
Honigtopf	Honeydukes
Hooch, Madame	Hooch, Madam
Hopfkirch, Mafalda	Hopkirk, Mafalda
Hornby, Olive	Hornby, Olive
Hufflepuff	Hufflepuff
Imperius-Fluch	Imperius
Irrwicht	boggart
Johnson, Angelina	Johnson, Angelina
Jordan, Lee	Jordan, Lee
Jorkins, Bertha	Jorkins, Bertha
Kappa	kappa
Kapuzenmütze (trägt Hagrid gern)	balaclava
Karkaroff, Igor	Karkaroff, Igor
Kelpie	kelpie
Kesselbrand, Professor	Kettleburn, Professor
Kiemenkraut	gillyweed
Kimmkorn, Rita	Skeeter, Rita
Klatscher	bludger
Knallrümpfige Kröter	blast-ended skrewts
Knickerbocker	plus-fours
Kobold	goblin
Krätze	Scabbers, Rons Ratte
Krum, Viktor	Krum, Viktor
Krummbein	Crookshanks
Leprechans	leprechauns

Ligusterweg	Privet Drive
Little Hangleton	Little Hangleton
Little Whinging, Surrey	Little Whinging, Surrey
Lockhart, Gilderoy	Lockhart, Gilderoy
Longbottom, Neville	Longbottom, Neville
Lupin, Remus	Lupin R.J., Professor
Lurch Scamander	Scamander, Newt
Macmillan (ein Hufflepuff) und Macnair (der Henker)	Macmillan und Macnair
Madam Z.	Nettles, Madame Z.
Madame Malkins „Anzüge für alle Gelegenheiten"	Madam Malkin's Robes
Mad-Eye Moody, Alastor	Mad-Eye Moody, Alastor
Malfoy	Malfoy
Mantikor	manticore
Mason, Mr und Mrs	Mason, Mr and Mrs
Maulende Myrte	Moaning Myrtle
Maxime, Olympe	Maxime, Olympe
McGonagall, Minerva	McGonagall, Minerva
Miggs, Martin der miggerige Muggel	Miggs, Martin the Mad Muggle
Mockridge, Knutbert	Mockridge, Cuthbert
Montague	Montague
Morgana	Morgana
Morsmordre	MORSMORDRE
Mortlake	Mortlake
Mosag	Mosag (Aragogs Frau)
Muggel	Muggle
Mulciber	Mulciber
Mundungus Fletcher	Mundungus Fletcher
Nagini	Nagini
Niffler	nifflers
Nimbus Zweitausend	Nimbus 2000
Nokturngasse	Knockturn Alley
Norris, Mrs.	Norris, Mrs.

Ollivander	Ollivander's Magic Wands–since 382 b.c.
Omngläser	Omnioculars
Ottery St. Catchpole	Ottery Saint Catchpole
Parkinson, Pansy	Parkinson, Pansy
Parselmund	parselmouth
Patil, Parvati und Padma	Patil, Parvati and Padma
Peeves	Peeves
Perser	Axminster (flying carpet)
Pettigrew, Peter	Pettigrew, Peter
Pfefferkobolde	Pepper Imps
Pigwidgeon	Pigwidgeon (Rons Eule)
Pince, Madame	Pince, Madam
Poliakov	Poliakoff
Polkiss, Piers	Polkiss, Piers
Pomfrey, Madame	Pomfrey, Madam Poppy
Pontner, Roddy	Pontner, Roddy
Porskoff-Täuschung	Porskoff Ploy
Portschlüssel	Portkey
Potter, Harry	Potter, Harry
Prang, Ernie (Fahrer des Fliegenden Ritters)	Prang, Ernie (driver of the Knight Bus)
Prewett	Prewetts, The
Pringle, Apollyon	Pringle, Apollyon
Prod, D.J.	Prod, D.J.
Pucey, Adrian	Pucey, Adrian
Quidditch	Quidditch
Quirrell, Professor	Quirrell, Professor
Ravenclaw (Rowena)	Ravenclaw (Rowena)
Ripper	Ripper
Rookwood, Augustus	Rookwood, Augustus
Rosmerta, Madame	Rosmerta, Madam
Rotkappen	Red Caps

Sankt-Mungo-Hospital für Magische Krankheiten und Verletzungen	Saint Mungo's Hospital
Sauberwisch	Cleansweep
Schlammblut	mudblood
Schnatz	snitch
Schwahfel, Adalbert	Waffling, Adalbert
Seidenschnabel	Buckbeak
Shunpike, Stan (Schaffner des Fahrenden Ritters)	Shunpike, Stan (Knight Bus conductor)
Sinistra, Professor	Sinistra, Professor
Skele-Wachs	Skele-gro
Skower, Mrs	Skower, Mrs
Slytherin	Slytherin
Smeltings	Smeltings (Dudley's High school)
Snape, Severus	Snape, Severus
Spinnet, Alicia	Spinnet, Alicia
Spore, Phyllida	Spore, Phyllida
Sprechender Hut	Sorting Hat
Sprout, Professor	Sprout, Professor
Stumper, Oberst	Fubster, Colonel
Stuss	cod's wallop
Sumo, Quirin	Trimble, Quentin
Tag nach den Weihnachtsfeiertagen	Boxing Day
Taschenspickoskop	sneakoscope
Thomas, Dean	Thomas, Dean
Timms, Agatha	Timms, Agatha
Todesfee	banshee
Todesfluch	Avada Kedavra
Todesser	Deatheaters
Trelawney, Sibyll	Trelawney, Sibyll
Ulrich der Komische Kauz	Uric the Oddball
UTZ (Unheimlich toller Zauberer)	N.E.W.T. s

Veela	Veela
Vergissmich	obliviator
Viridian, Vindictus	Viridian, Vindictus
Wablatschki, Kassandra	Vablatsky, Cassandra
Warbeck, Celestina	Warbeck, Celestina
Weasley	Weasley
Weihnachtsball	Yule Ball
Wendel, Emery	Switch, Emeric
Wendelin die Ulkige	Wendelin the Weird
Wieselkopf	Stoatshead Hill
Wilbert, Gimpel	Wimple, Gilbert
Wimbourner Wespen	Wimbourne Wasps
Winkelgasse	Diagon Alley
Winky	Winky
Wood, Oliver	Wood, Oliver
Woodcroft, Hengis von	Woodcroft, Hengist of
Wronski-Bluff	Wronski Feint
Zabini, Blaise	Zabini, Blaise
ZAG (Zaubergrad)	O.W.L. s
Zauberband	spellotape
Zaubersprüche	spells
Zentauren	centaurs
Zonkos	Zonko's

Agrippa von Nettesheim

Der fehlt Ron noch in seiner Sammlung von Schokofroschbildkarten, dem magischen Gegenstück zu den Pokémonkarten in der heutigen Mugglewelt.

Der Herr hieß eigentlich **Heinrich** (=Harry!) **Cornelius** (Fudge!) und schrieb 1510 *De occulta philosophia*, ein Buch, das erstmals die Geheimwissenschaften Hermetik, Astrologie und Magie umfassend in zwei Bänden darstellte.

Die andere fehlende Karte ist die von **Ptolemäus** – der wäre ein eigenes Buch wert.

Animagus

animal + magus (lat.):

Tier + Zauberer

Von dieser Spezies gibt es nur wenige. Über sie wird im Zauberministerium Buch geführt, da *Zauberer, die sich in Tiere verwandeln können,* besonders scharf überwacht werden müssen, wie **Sirius Black** oder Peter **Pettigrew**.

Anzeichen von Harry-Potter-Sucht

10. Man versucht auf der Bank einen Zehnmarkschein in Sickles umzutauschen.

09. Man bindet einen wichtigen Brief an das Bein der nächstbesten Taube, weil man gerade keine Eule findet.

08. Man fragt im Haushaltswarenladen, ob man den Besen Probe fliegen darf.

07. Auf Parties bringt man den Trinkspruch aus: „Ein Junge überlebt".

06. Man versucht das Licht in der Wohnung mit dem Wort „Lumos" einzuschalten.

05. Man geht in ein Tiergeschäft und versucht mit den Schlangen zu sprechen.

04. Man wird gegenüber Geleebonbons sehr mißtrauisch.

03. Wenn einen Leute dumm anreden, reagiert man mit „5 Strafpunkte für Gryffindor".

02. Man sucht nach *Dumbledore* im Telefonbuch.

01. Man versucht sich im Tätowierladen einen Blitz auf die Stirn tätowieren zu lassen.

Außer Konkurrenz:

• Man wirft einen roten Ball vom Hausdach und schwingt sich auf einen Besen, um ihn zu fangen.

• Man rennt gegen die Mauer zwischen den Gleisen 9 und 10.

• Man geht zum Augenarzt, weil die Leute auf Fotos und Gemälden sich nicht mehr bewegen.

• Man erhält einen Brief in rotem Umschlag, hält sich die Ohren zu und rennt aus dem Zimmer.

Aragog, die Riesenspinne

Arachnida:

Spinnen, Skorpione, Milben und Zecken gehören zu dieser netten Tierverwandschaft.

Arachne war in der griechischen Mythologie ein einfaches Mädchen vom Lande, die es wagte, besser zu weben als die Göttin der Künstler und Handwerker, *Athene*. (Athene heißt übrigens auf Lateinisch Minerva, wenn auch nicht Mc-Govagall.) Die göttliche Dame war darüber so erzürnt, daß sie Arachnes Gewebe zerriß, worauf die unglückliche Weberin sich erhängte. *Athene* verwandelte die Dahingeschiedene in eine Spinne, deren Nachkommen noch heute ihre wunderschönen Gespinste zaubern.

Gog:

ein Riese, der mit seinem Kumpel Magog in vorrömischer Zeit die Gegend um London beherrschte

arithmancy

arithmetics + -mancy:

Der erste Teil des Wortes ist wohl jedem aus der Schule vertraut, die Nachsilbe **–mancy** steht für *Wahrsagekunst*, es handelt sich also um zahlengestützte Spökenkiekerei, im Deutschen auch als *Numerologie* bekannt; passend dazu der Name des Lehrers: Professor **Vector**.

auror

aura:

die Aura, die Ausstrahlung eines Menschen (die Aussprache der beiden Wörter ist gleich)

Ein **auror** ist besonders empfindsam für das, was andere Menschen ausstrahlen, mithin bestens geeignet, böse Zauberer aufzuspüren und nach Askaban zu bringen, wo sich dann die **dementors** darum kümmern, diese Aura abzusaugen.

Avada Kedavra

abracadabra + cadaver:

uraltes Zauberwort (seit dem zweiten Jahrhundert nach Christus belegt) + Leiche

Einer der drei unverzeihlichen (mit Askabanhaft bedrohten) Flüche, der das Opfer sofort und auf der Stelle durch einen grünen Blitz tötet – unwiederbringlich!

Axminster

(Fliegender Teppich / flying carpet):

Barty Crouch hatte einen solchen fliegenden Teppich, englisches Produkt aus der Stadt *Axminster/Devonshire*, feinste Qualität, einem türkischen Teppich ähnlich.

Azkaban, Askaban

ban:

Bannfluch, Verbannung – dort, wo man hin muß, wenn man in der Magierwelt Verbrechen begeht; denkbar ist natürlich auch eine Anspielung auf das berühmt-berüchtigte Gefängnis *Alcatraz* – wahrscheinlich haben wir hier eine Mischung aus beiden...

B

Bagman, Ludo(vic)

bagman:

jemand, der Bestechungsgelder aus der Unterwelt einsammelt und an die zu Bestechenden
weitergibt

ludo (lat.):

wörtlich *ich spiele*, zum Beispiel ein Brettspiel
mit Würfeln – vordergründig... hintergründig:

lewd:

schlecht, böse, übel, unkeusch... Das „o" am
Ende ist eine Nachsilbe, mit der man aus einem
Eigenschaftswort ein Hauptwort machen kann,
zur Bezeichnung eines Menschen mit gerade
dieser Eigenschaft, z.B. **weird** und **weirdo.**

Bagshot, Bathilda

Ein ganz schwerer Fall.

Die Autorin von *A History of Magic* ist eine spröde Dame.

Es gab eine Heilige *Bathilda* (634-680), die dem Frankenkönig *Clovis* anvermählt war und ihm drei Söhne schenkte, die alle Könige wurden, quasi die Heldenmutter der Franken – JKR hat Französisch studiert, wahrscheinlich auch alt-französische Texte gelesen...

Der Name kommt von *baduhildi*, das heißt die *Anführerin im Kampfe*. Andererseits ist *bathilda ruficauda* der korrekte Name für eine farben-frohe Finkenart – die Hexe Bathilda als eine Art Paradiesvogel?

Bagshot ist ein Ort, 24 km von *London Heathrow Airport* entfernt, der einfach echt gut hexenmäßig klingt – und wo es ein richtig luxu-riöses 5-Sterne-Hotel gibt, in dem erfolgreiche Autoren sich verwöhnen lassen können.

Bevor ich es vergesse: in der *Bagshot Row* wohnt ein gewisser *Bilbo Baggins* – aber das ist eine andere Geschichte.

balaclava

Hagrids Kopfbedeckung für kalte Tage, eine Art Pudelmütze mit Schlitzen für Augen und Mund, die bis zum Hals reicht, auch gut für Bankräuber und Mitglieder der GSG 9 geeignet.

Benannt ist dieses nützliche Accessoire nach der gleichnamigen Stadt auf der Krim, bei der im Oktober 1854 im Rahmen des Krimkriegs geschlachtet wurde.

banshee

in der irischen und schottischen Mythologie ein weibliches übernatürliches Wesen, das unter dem Fenster eines Hauses jammert und heult, wenn einer der Bewohner bald sterben wird, eine Art Todesfee...

Bashir, Ali

Teppichhändler

Dr. Julian Bashir ist der Chefarzt in der Serie *Star Trek – Deep Space Nine* und wird gespielt von *Alexander Siddig*

Bayliss, Hetty

Eine Mugglefrau, die beim Wäscheaufhängen den *Ford Anglia* vorbeifliegen sah, in dem Ron und Harry nach Hogwarts unterwegs waren. *Bayliss* ist ein Orts- und Familienname in Amerika und Australien, gibt aber nicht viel Raum für Vermutungen – help wanted!

Beauxbatons

das Gegenstück zu Hogwarts in Frankreich, französisch für *schöne Zauberstäbe*

bezoar

bezoar:

Grundbedeutung: Gegengift

Ein **bezoar stone**, der gerne als Gegengift und Allheilmittel gesehen wurde, entsteht, wenn im Magen von persischen Wildziegen oder gewissen Antilopenarten ein Fremdkörper (wie ein Steinchen oder ein Kern) mit Schichten von Körpergewebe des Tieres umhüllt wird.

Bilius, Uncle

Ron Weasleys Onkel starb am Tage nach seiner visuellen Begegnung mit einem **„Grim"** – Isegrim! Kaum verwunderlich, heißt doch

bilious:

reizbar, leberkrank, gallig – kurz: er wäre auch ohne Sichtverbindung mit dem Todesboten in Kürze dahingeschieden.

Binns, Professor

Der Familienname Binns ist weit verbreitet, sein Ursprung unklar, vielleicht eine Berufsbezeichnung. Angesichts der Tatsache, daß der Professor uralt und nicht sehr weise ist, tippe ich eher auf:

beans:

Das wird so ähnlich ausgesprochen und bedeutet „Doofkopf".

Black, Sirius

black:

schwarz

Sirius:

der hellste Stern am Himmel, Hauptstern des Sternbilds **Canis Maior** (der Große Hund)

Wenig Wunder, daß dieser *Animagus* sich gerade in einen schwarzen Hund verwandelt. Die Römer glaubten übrigens, daß die Hundstage so heiß seien, weil dieser Stern der Sonne beim Heizen hilft...

Spitzname zu Jugendzeiten: **Padfoot** (in *Yorkshire* eine lokale Bezeichnung für einen Werwolf oder *Barghest*), Tarnname während seiner Zeit in Hogsmeade: **Snuffles**, *Schnuffelchen*.

blast-ended skrewts

blast-ended:

Die Tierchen haben explodierende Enden.

to scrute:

genau betrachten, untersuchen

Nicht einmal Hagrid kennt diese schleimigen Wesen, was sie fressen, wozu sie gut sind. Deshalb sind sie unter strengster Beobachtung zu halten. Das Problem löst sich von selbst, sie fressen sich gegenseitig auf.

Die Schreibung erinnert an *newt* (Wassermolch).

Bloody Baron

Manfred Freiherr von Richthofen (1892-1918) war der erfolgreichste deutsche Jagdflieger im ersten Weltkrieg, mit über 80 Abschüssen. Wegen der roten Farbe seines Flugzeuges und seiner militärischen Erfolge wurde er der Rote Baron oder auch der **Blutige Rote Baron** genannt. 1918 wurde er hinter den britischen(!) Linien abgeschossen und dient wohl seitdem in *Slytherin* als Hausgeist – der Einzige, vor dem der Gryffindorpoltergeist **Peeves** Angst hat.

Eine zweite Deutung läßt eine Anspielung auf einen anderen nicht weniger blutrünstigen Baron zu: **George Jeffreys** (1645?-1689) diente unter den englischen Königen *Charles II* und *James II* sehr erfolgreich als Richter – so erfolgreich, daß man ihm den ehrenvollen Beinamen *Hanging Judge (der Aufknüpfrichter)* verlieh und ihn zum **Ersten Baron Jeffreys of Wem** adelte. Nach einer Rebellion gegen den König griff der Herr Baron so vehement durch, daß der Prozess als **Bloody Assizes** *(Blutgericht)* in die Geschichte einging.

bludger

bludgeon:

eine Schlagwaffe, ein Stock mit verdicktem Ende, eine Keule – kurz: ein Gerät, mit dem man den *quaffle* wegschlagen kann...

Bluebottle, The

Dieser Hexenbesen für die ganze Familie, mit eingebauter Alarmanlage, ist benannt nach einem summenden, eher ekligen, blauglänzenden Insekt, der *Schmeißfliege*, englisch **bluebottle fly**...

Bode and Croaker

bode:

Vorahnung, Omen, Anzeichen

croaker:

jemand, der böse Drohungen ausstößt, Unglück
verkündet

Zwei ganz geheime Geheimagenten, von denen
keiner weiß, was sie tun...

boggart

boggart:

Ein böser Geist, der **Schwarze Mann**, mit dem
man Kinder erschreckt. Verschwindet, wenn man
über ihn lacht (**Riddikulus**).

Bole

Bole ist *beater* (Schläger) beim Quidditchteam
von *Slytherin*. Wahrscheinlich ein ganz brutaler,
angesichts seines Namens

bole:

Baumstamm

boomslang

eine südafrikanische Baumschlange (holländisch *boomslang*), deren Haut *Hermione* für die *Polyjuice Potion* braucht...

Borgin and Burkes

In diesem Geschäft versucht Lucius Malfoy verbotene Zauberartikel loszuwerden. Es liegt in der *Knockturn Alley*, handelt mit schwarzer Magie, muß also auch einen passenden Namen tragen.

Borgin:

mit großer Wahrscheinlichkeit eine Mischung aus **Borgia** und **bargain**.

Ein *bargain* ist ein Schnäppchen, ein gutes Geschäft, zweifelsohne passend. Die Familie *Borgia* hat im 14. bis 16. Jahrhundert ihre Finger in der hohen Politik von Italien, Spanien und Frankreich gehabt, hat Päpste und Giftmörder gestellt.

Burke:

Herr *Burke* war ein Ire, der in Edinburgh zu Anfang des 19. Jahrhunderts verschleißfrei Menschen umbrachte (er erstickte sie mit einem Kissen), um die Leichen gewinnbringend an angehende Ärzte zu pathologischen Experimenten zu verkaufen. Er selbst wurde zwar 1829 gehenkt, ob er allerdings auch auf den Seziertisch kam, entzieht sich meiner Kenntnis. Sein Name lebt weiter: *to burke* heißt heute noch *eine Frage im Keim ersticken...*

Botts, Bertie

Berühmt für seine *All Flavour Beans* hätte er sich einen anderen Firmennamen aussuchen sollen...

botts:

vor allem im Westen Schottlands ein Wort für *Durchfall, Dünnpfiff, Scheißerei* – eine Art von Unwohlsein, die gewisse Geschmacksrichtungen seiner *beans* auslösen können...

Derart anstößige Gedanken möchte ich JKR nun doch nicht unterstellen. Der brave Engländer denkt bei einem marktschreierischen Namen wie *All Flavour Beans* weniger an die Auswirkungen der Nahrungsaufnahme, sondern wohl eher an die Drogeriekette **Boots**, deren Filialen auf der Insel so allgegenwärtig sind wie bei uns *Aldi* und *Schlecker...*

Boxing Day

der Tag nach dem Weihnachtsabend, an dem der Postbote, die Müllmänner und die Dienerschaft eine *Box* mit einem kleinen Geschenk erwarten...

Bozo

Rita Skeeters Photograph scheint selbst, im Gegensatz zu seinen Bildern, ziemlich unterbelichtet zu sein: der Name ist eines der vielen Slangwörter für *doof, bekloppt, hirnrissig* und wird in dieser Bedeutung auch in unzähligen Cartoons und Filmchen verwendet.

bubotuber pus

bubonic plague:

Beulenpest

bubo = Eiterbeule

tuberculosis:

Tuberkulose

pus:

Eiter

Hilft garantiert bei Pickeln und Akne... aber nur in der richtigen Verdünnung – Madam – Pomfreypflichtig!

Buckbeak

buck:

männliches Wild, z.B. Hirsch

beak:

Schnabel

Zusammen ergibt das einen **Hippogriff**, halb Pferd, halb Greif, ein guter Transportflieger für flüchtige Askabaner, wie *Sirius Black.*

Bulgarian Quidditch Team

Dimitrov, Ivanova:

Allerweltsnamen in fast allen slawischen Sprachen

Levski, Volkov:

Löwe, Wolf

Vulchanov:

Vulkan

Zograf:

engl. **zoograph(er):** Tiermaler

Bulstrode, Millicent

junge Dame aus *Slytherin*, mit Katzenhaaren im Umhang – Pech für *Hermine* und ihre Polyjuice-verwandlung

bulstrode:

frei übersetzt: *Bullentritt*

C

Cadogan, Sir

Der erste **Earl von Cadogan**, dahingeschieden im Jahre 1726, hatte sich eine besondere Art von Haarknoten angewöhnt, die fortan nach ihm benannt wurde... und längst vergessen ist.

centaurs

Die **Zentauren** leben im Verbotenen Wald, sind halb Mensch, halb Pferd, stammen aus der griechischen Mythologie, sind in sich gekehrte Astronomen und Astrologen (**Mars is bright tonight**) – bis auf einen...

Firenze:

der italienische Name für **Florenz**, welchselbe Stadt im Englischen allerdings **Florence** heißt. Die englische Aussprache dieses Wortes ist allerdings der des Wortes **frenzy** sehr nahe; es bedeutet „wilde Begeisterung, Raserei, Außersich-sein" und paßt genau auf diesen **palomino** (ein hellbraunes Pferd mit hellgrauem Haar und Schweif), der im Gegensatz zu seinen Artgenossen nicht nur geheimnisvolle Andeutungen über die Leuchtkraft des Mars macht, sondern klare Aussagen...

[was mich verblüfft, ist die Tatsache, daß das Palomino der Firma C&A so richtig buntgescheckt ist...]

Bane:

Fluch, Schmerz, Gift, Gefahr, Tod, Mord und... Aufgebot!

Ronan:

einer der vielen irischen Heiligen, der einen auf ihn geworfenen Speer mit dem Handballen ablenkte – er verfluchte den Attentäter, daß er den Rest seines Lebens wie ein Speer fliegen und auch durch diese Waffe das Leben verlieren sollte – nett...

Chang, Cho

to chang:

klingen, widerhallen

37

Ein Name, der in Harrys Kopf wohl alles mögliche anklingen und hallen läßt, zumal die junge Dame ausnehmend hübsch und obendrein auch noch *seeker* der Quidditchmannschaft in Ravenclaw ist. **Cho** ist eindeutig japanisch – ob es nun *Schmetterling* heißt oder nicht, das verschweigt mir mein Lexikon...

Chudley Cannons

Rons Lieblingsquidditchmannschaft fliegt Reklame, pfeilschnell und mit großer Durchschlagskraft, für einen Kollegen von JKR, nämlich den amerikanischen Kinderbuchautor *Lloyd Alexander* (*1924), genannt **Chudley**.

In vielen amerikanischen Publikationen, die sich mit empfehlenswerten Büchern für Kinder beschäftigen, werden *Alexander* und *Rowling* im gleichen Atemzug genannt. Oft kommt die Empfehlung, die Wartezeit auf Harry Potter, Band 5 mit der Lektüre der fünfbändigen **Prydain Chronicles** zu verbringen, in denen ein Junge namens **Taran** sich vom Schweinehirten zum Bezwinger des *Lord of Death* emporarbeitet.

Circe

eine weitere Schokofroschbildkarte: eine wirklich bezaubernde Maid aus der griechischen Sage, die alle Männer becirct – wenn sie aus ihrem Becher trinken, verwandeln sie sich postwendend in Schweine... Schweinerei!

Cleansweep

Zu einer Zeit, als JKR sich endlich einen Computer leisten konnte, war ein Programm zum Deinstallieren anderer Programme und zum Aufräumen auf der Festplatte schon aktuell – wie hieß es wohl?

Clearwater, Penelope

clear + water:

Die Freundin des perfekten Präfekten *Percy* ist natürlich so rein und unschuldig wie *ungetrübtes Wasser...*

Penelope, die Gattin des *Odysseus,* schaffte es während der langen Abwesenheit ihres Gatten, sich alle Freier vom Hals zu halten. Sie versprach ihnen, sie nach Vollendung eines Netzes, an dem sie webte, zu erhören – allerdings dröselte sie nächtens das Gespinst immer wieder auf... auch heute noch ist Penelope das Sinnbild der keuschen und treuen Gattin schlechthin.

Cliodne

bekannt von den Schokofroschbildkarten:

irische Göttin der Schönheit und der Unterwelt

cod's wallop

Hagrid qualifiziert Mr Dursleys Aussagen (Band 1, Kap. 4) als „Kabeljaurülpser", in der Übersetzung als „Stuss"

collywobbles

colic + wobbles:

wenn's im Bauch rumpelt, weil man sich vor Angst in die Hosen macht, und außerdem die Knie wackelig werden

Connolly

ein Mitglied der irischen Quidditchnational-
mannschaft trägt den Namen eines der berühmtesten britischen Komiker: **Brian Connolly**,
passender und historisch wichtiger ist wohl die
Assoziation mit **James Connolly**, einem der
Führer des *Easter Rising* (Osteraufstand) am 24.
April 1916 gegen die verhaßte britische Herr-
schaft in *Irland*.

Crabbe, Vincent

crabbed:

sauer, unerzogen, leicht zu nerven – ein unange-
nehmer Zeitgenosse

Creevey, Colin und Dennis

Vorsicht – hier wird geraten!

creepy + chevy:

Creepy heißt ganz einfach *unheimlich* – und so
ist es Harry Potter wohl auch zu Mute, wenn
Colin ihm permanent mit der Kamera auflauert.

Chevy stammt aus einer alten Ballade, **The Chevy Chase**, die über eine der vielen Grenz-streitigkeiten zwischen England und Schottland berichtet, zwischen den Familien *Percy* (Weas-ley!) und *Douglas* in den **Cheviot Hills**, eine Gegend, die ich mir sehr gut als Standort von Hogwarts vorstellen könnte. Davon abgeleitet heißt **to chevy** auch heute noch *Jagd auf etwas machen...*

Believe it or not

Crockford, Doris

eine Hexe, die HP bei seinem ersten Besuch in der *Diagonal Alley* kurz trifft, benannt nach einem Spielclub in der der *Saint James's Street* in London – nicht weit vom *Tropfenden Kessel...*

Crookshanks

Hermines Katze ist benannt nach dem engli-schen Graphiker **George Cruikshank**, der neben vielen anderen Werken *Oliver Twist* illustriert hat; vielleicht hatte der Mann auch zufällig noch **crooked shanks**, *krumme Beine...*

Crouch, Bartemius

to crouch:

eine gebückte Haltung einnehmen, sich zusammenkauern, tiefe Startposition für ein Wettrennen einnehmen, auf dem Sprung sein

Bartemius:

Bartemäus war ein blinder Bettler in der Bibel. Herr Crouch war blind für die Probleme seiner Familie und endete schlimmer als ein Bettler.

Zumindest bringt er seine Untergebenen, vor allem Percy Weasley dazu, sich ganz tief vor ihm zu beugen.

Cruciatus

to cruciate:

Schmerzen zufügen, foltern, quälen, kreuzigen

Einer der drei unverzeihlichen (mit Askabanhaft bedrohten) Flüche, mit dem man dem Opfer die schlimmsten Qualen bis hin zum Wahnsinn zufügen kann.

D

Deatheaters

death adder + beef eaters:

Die *death adder* ist eine tödliche Schlange,
der Gattung *Acanthophis*, eine Kobraart,
hauptsächlich beheimatet in Australien.

Die *beefeaters* (*Rindfleischesser* genannt, weil
sie durch ihre Tätigkeit besonders gut genährt
waren) waren die *Yeomen of the Guard*, die Leib-
diener des Königs, die ihm unter anderem das
Essen servierten. Heute bewacht die Truppe den
Tower in London.

Wir haben also Lord V.s Wappentier und eine
Wachtruppe, die sich in der nächsten Umgebung
des Herrschers aufhält und ihm Nahrung bringt,
in welcher Form auch immer – need I say more?

Böse Zungen könnten behaupten, daß sich die
beefeaters an ihrer Leib- und Magenspeise zu
Tode essen – BSE läßt grüßen...

Delacour, Fleur und Gabrielle

fleur de la cour (frz.):

die Blume des (königlichen) Hofes, Adelsdame

Delaney-Podmore, Sir Patrick

Der Anführer der kopflosen Jagd, die bei **Nearly Headless Nicks** Geburtstagsparty vorbeischaut, ziert sich mit dem Vornamen eines Heiligen, dem Familiennamen des Verfassers eines Heiligenlexikons und einem Beinamen aus normannischem Adelsgeschlecht, der im Französischen wahrscheinlich auf *pot de morts* zurückgeht. *Un pot* ist unter anderem eine gesellige Veranstaltung, bei der man eine Kleinigkeit ißt und trinkt, *de morts* heißt *von Toten* – nichts anderes ist wohl die Veranstaltung in den Kellergewölben von *Hogwarts...*

Dementors

to dement:

Gedanken und Gefühle wegnehmen, in den Wahnsinn treiben

Dennis

Bruder von *Colin Creevey* und eines der saube-
ren Früchtchen in Dudleys Bande – Anspielung
auf *Dennis the Menace*, den aus Film, Funk und
Fernsehen bekannten Lausbuben

Derrick

Ein Mitglied des Quidditchteams von *Slytherin*
kann nur einen blutrünstigen Namen tragen:

Herr *Derrick* war ein weitbekannter Henker zu
Anfang des 17. Jahrhunderts, dessen Name
lange Zeit gleichbedeutend mit *Galgen*, *Aufhän-
gen* verwendet wurde.

Diagon Alley

diagonally:

nicht mugglemäßig geradeaus, verquer

diagonal ley:

Ein **ley** ist eine gedachte Verbindungslinie, zum
Beispiel zwischen zwei Hügeln, die irgendeine
Grenze darstellt und manchmal durch Steinhau-

fen und andere Landmarken gekennzeichnet ist. Gelegentlich wird den leys Zauberkraft zugeschrieben...

Diggle, Dedalus

diggle:

geheimnisvoll, dunkel

Dedalus:

wörtlich „der Schlaue". Er baute das Labyrinth von Kreta und machte für sich und seinen Sohn Flügel, die dieser sich ja dann auch gründlich verbrannte. DD produziert anläßlich des Verschwindens von Lord V. Sternschnuppen am Himmel von Kent...

Diggory, Cedric and Amos

Diggory Diggory Delvet ist der Name eines Maulwurfs (die Diggorys wohnen nicht weit von den Weasleys!), der in den *Appley Dapply's Nursery Rhymes* einer gewissen **Helen Beatrix Potter** (1866-1943) vorkommt – und diese hochberühmte Schriftstellerin ist in England

wirklich jedem Kind bekannt, auch den wenigen,
die Harry Potter nicht kennen

Dippet, Armando, Professor

Dip.Ed.:

Diploma in Education – ein Nachweis des Stu-
diums der Erziehungswissenschaften. *Armando*
war Chef in Hogwarts, als die Kammer des
Schreckens zum erstenmal geöffnet wurde.

Dobby

dobby:

schottisch/britische Kurzform von **Robert**

ein Hauskobold der manchmal etwas bösen Art,
grundsätzlich aber ganz nett, wenn er sich nicht
gerade in den Kopf setzt, Harry Potter zu retten.

Dolohov, Antonin

dolor (lat.):

körperlicher Schmerz, Leiden, vielleicht auch
eine Anspielung auf den russischen Astrologen
Dorohov...

Einer der Folterschergen, der in Voldemorts Auf-
trag Magier und Muggles quälte, Spezialist für
den **Cruciatus**-Fluch.

dragons

Es gibt viele Drachenarten, darunter:

Hebridean Blacks:

eine Schafrasse

Common Welsh Green:

Die Flagge von Wales zeigt was? Einen roten
Drachen auf grünem Grund!

Norwegian ridgebacks:

Rhodesian ridgebacks sind eine Hunderasse mit
Haaren auf dem Rücken, die „gegen den Strich"
wachsen

Norbert:

der Glänzende aus dem Norden (nomen est omen) und ein Individuum

Drooble's Best Blowing Gum

drooble:

Variante von *trouble*, das allen möglichen Ärger bedeuten kann, auch solchen, den man bekommt, wenn man diese hervorragenden Blasenkaugummis bei einem gewissen Herrn *Snape* im Unterricht kaut.

Dumbledore, Albus

(geboren ca. 1840)

dumbledore:

Hummel, (in manchen Dialekten auch) Maikäfer: ein wahrlich passender Name – beschützt er doch fröhlich ein Liedchen summend und brummend, unermüdlich und fürsorglich das ihm anvertraute „Hummelnest" *Hogwarts*, eine auf den ersten Blick harmlose Erscheinung, der aber im Notfall auch den notwendigen Stachel hat, um

Böses abzuwenden. JKR stellt sich den Schulleiter als einen gutgelaunten Menschen vor, der Musik liebt und mit einem Lied auf den Lippen in seinem Büro auf und ab geht.

albus (lat.):

weiß (AD hat weiße Haare, die ihm bis zum Gürtel reichen)

Er hat in guter englischer Tradition eine Reihe von Ehrentiteln:

Order of **Merlin**, 1st class (wer kennt den Hofzauberer von König Artus nicht?)

Supreme **Mugwump** (bei den Indianern ein „großer Häuptling", einer, der unparteiisch und unvoreingenommen entscheidet)

Chief **Warlock** (das ist nun jemand, der der Menschheit feindlich gegenübersteht, ein „wahrer Lügner", ein Verräter, ein Teufel, ein böser Geist u.a.m.)

Kurz – er beherrscht souverän schwarze und weiße Magie, ist also mit Recht der Direktor von Hogwarts. Sein Bruder heißt **Aberforth**, eigentlich ein Ortsname, der *Furt am Zusammenfluß zweier Flüsse* bedeutet. Warum er allerdings wegen verbotener Zaubertricks zu Lasten einer Ziege auffällig wurde, erfordert noch psychologische Klärung.

Durmstrang

dritte Zauberschule neben Hogwarts und Beaux-batons. Wo genau sie liegt, im Norden, in Bulgarien, im Osten, ist nicht herauszufinden, der Name verschließt sich auch – man kann nur raten. Vielleicht *Sturm und Drang* geschüttelt, um dem Ganzen einen richtig germanisch martialischen Anstrich zu geben – für weitere Details lese man die wüsten *Räuber* eines gewissen Herrn Schiller und manche Werke seiner Zeitgenossen. Zumindest muß es eine direkte Wasserverbindung geben – es sei denn, man nimmt an, daß das Transportmittel der Schule auch noch land- und lufttauglich ist. Gerüchteweise wird *Lettland* gehandelt...

Dursley, Vernon, Petunia, Dudley, Marjorie

Dursley ist eine kleine, typisch englische Stadt, nicht weit entfernt von JKRs Heimatort *Chipping Sodbury*. Der Name war ihr bestimmt noch aus Kindertagen vertraut. Ansonsten ein gängiger Familienname.

Vernon *Dursley:*

Vernon ist auch Familienname, der Name mehrerer Städte in England, Frankreich und Kanada.

Petunia *Dursley:*

Eine Petunie ist eine Gartenpflanze – Hinweis auf Mrs. Dursleys Hausfrauenstolz.

Dudley *Dursley:*

dud:

Versager, Blindgänger, aber auch

Dudley:

moderner englischer Vorname, der etwas Wertvolles, ein Schmuckstück, einen Schatz bezeichnet – ganz so, wie die Dursleys ihren Sohnemann sehen.

Marjorie *(Vernons Schwester):*

im wahrsten Sinne des Wortes aufgeblasen, eigentlich bedeutet der Name **Perle**; ihr Magen ist aufnahmefähig für jegliche Art von Nahrung, außer für verfaulte Wellhornschnecken (engl.: *whelk*)...

E

eclectic fire, escapator

Arthur Weasley vermischt die Wörter **electric** und **eclectic** und wirft dabei ein bezeichnendes Schlaglicht auf sein eigenes Wesen. Als Wanderer zwischen Muggle- und Magiewelt sucht er sich aus beiden Welten das für ihn Interessante aus, genauso wie es in der Welt der Philosophie die *Eklektiker* tun, die sich aus den verschiedensten Theorien eine eigene „zusammenbasteln", ohne große Eigenleistung, sozusagen. In die gleiche Richtung geht der andere Versprecher des Herrn Weasley, der **escalators**, *Rolltreppen*, als **escapators**, *Rollflüchter* fehldeutet.

Eeylops Owl Emporium

eye-loop:

Augenhöhle

emporium:

Einkaufszentrum, großer Laden

Für einen Eulenladen ein schöner Name, Anspielung auf die großen Eulenaugen.

Elfric the Eager

ein böser Zauberer, der in ferner Vergangenheit einen fehlgeschlagenen Aufstand anführte...

Der historische *Aelfric of Eynsham* (955-1020) war eigentlich gar nicht zauberhaft: er schrieb das erste lateinisch-englische Wörterbuch, verfaßte einen Sammelband mit Lebensbeschreibungen von Heiligen, war einer der großen altenglischen Literaten, der richtig kunstvoll und rhetorisch wertvoll schreiben konnte. Daß der historische *Aelfric* **eager**, das heißt *strebsam* und *(lern-)begierig* war, wird niemand bestreiten.

Emeric the Evil

ein berühmter Zauberer aus dem Geschichtsbuch

Vielleicht ist damit *Emeric Pressburger* gemeint, ein Lichtzauberer (Regisseur), der 1988 in Suffolk, Südengland verstarb, nicht ohne eine Unzahl von Filmen, darunter die berühmten *Roten Schuhe* gedreht zu haben. Vielleicht aber auch nicht...

Errol, the Weasley Owl

Errol:

Vorname, abgeleitet vom Adelstitel **earl**, mithin ein edler, ein braver Mann – ideal für eine altersschwache Eule, die trotzdem ihre Botendienste (engl.: **errands**) noch brav versieht, auch wenn sie ab und an ohnmächtig in der Porridgeschüssel landet.

F

Fang, the boarhound

fang:

Reißzahn

boarhound:

Saurüde, Jagdhund

Er ist manchmal ängstlicher, als sein Name vermuten läßt.

Fat Friar

Der Hausgeist von Hufflepuff, wörtlich *der wohlgenährte Bruder,* erinnert an **Friar Tuck**, Robin Hoods geistlichen Beistand.

Fawkes, the phenix

phenix:

ein äußerst farbenfroher Vogel aus der ägypti-
schen Mythologie, der sich alle 500 Jahre auf
einem Scheiterhaufen selbst verbrennt und neu-
geboren der Asche entsteigt – ein Sinnbild für
ewiges Leben

Guy Fawkes:

Sein Leben endete 1606, nicht auf dem Scheiterhaufen, sondern am Galgen – nachdem er
versucht hatte, dem englischen König ein vor-
zeitiges Ableben zu ermöglichen; heute noch
feiert man ihn jährlich mit Feuerwerk und Freu-
denfeuer.

Fidelius

fidelious:

treu

Ein besonders komplizierter Zauber, der es er-
laubt, sich im Bewußtsein eines getreuen Freun-
des so zu verstecken, daß einen außer diesem
Getreuen niemand mehr finden kann. Näheres
siehe *Der Gefangene von Askaban* – ich will
nicht zuviel verraten.

Figg, Arabella

Dieser katzenliebenden Dame werden wir sicher noch begegnen – Band 5 kommt im Herbst 2001, bis dahin dürft ihr euch noch gedulden

Filch, Argus

to filch:

klauen, stiebitzen, wegnehmen – macht er ja ganz gerne...

Argus:

in der griechischen Mythologie ein Wächter mit einhundert Augen, den *Hera* beauftragt hatte, einige Augen auf die Priesterin *Io* zu werfen, weil Zeus hinter ihr her war. Nach seinem Tode soll *Hera* die Augen in die kreisförmigen Muster (Pfauenaugen) auf Pfauenschwänzen verzaubert haben.

squib:

ein bedeutungsloser, unwichtiger Mensch, bei JKR ein geborener Zauberer, der es trotzdem nicht kann

Firebolt

*fire-bolt, auch **thunderbolt:***

ein Blitz, etwas, das heiß und schnell durch die
Luft jagen kann, oft Attribut wichtiger Götter
wie *Jupiter* oder *Donar/Thor*

Flamel, Nicolas and Perenelle

Er lebte von 1330 bis 1418 in Paris (biblisches
Alter für diese Zeit!) und war auch langjährig
mit einer gewissen **Pernelle** verheiratet.

Er behauptete, mit Hilfe eines Juden ein Buch
aus der **Kabbala** entziffert zu haben, das es ihm
ermöglichte, den Stein der Weisen zur Goldpro-
duktion zu verwenden. Fakt ist, daß er nach
1382 genug Geld hatte, um der Kirche reiche
Spenden zu machen – schlechtes Gewissen? Jedenfalls ein respektabler Freund Dumbledores.

Fleet, Angus

der zweite Muggle, der den *Ford Anglia* sieht,
mit dem Ron und Harry nach *Hogwarts* fliegen.
Ein schielender Engländer, denn er hat die *Fleet*

Street in London und die alte schottische Graf-
schaft *Angus* gleichzeitig im Auge...

Flint, Marcus

Er ist der Anführer (*captain*) des Quidditchteams
von Slytherin, muß also von Haus aus böse sein
– und ist es auch:

In *Stevensons* Roman *Die Schatzinsel (Treasure
Island)* ist *Captain Flint* der schlimmste, grau-
samste und herzloseste Pirat auf allen Meeren...

Flitwick, Professor

to flit:

huschen, sausen, flitzen (wie es auch Gespenster
tun)

wick:

Docht

Flitwick:

Ort in England, nördlich von London, in Bed-
fordshire

Was das jetzt mit einem besonders winzigen Lehrer für Zauberkunst zu tun hat – please tell me!

flobberworms

to flobber + worms

verschmutzen, dreckig machen – so etwas wie unterirdische Dreckspatzen

floo powder

Ein Limerick:

A fly and a flea in a flue,
were caught, so what could they do?
Said the flea: „Let us fly",
Said the fly: „Let us flee",
So they flew through a flaw in the flue.

Frage: Welches der vielen Wörter mit **fl...** hat etwas mit (dem unglücklich übersetzten) **Flohpulver** zu tun?

Antwort: **flue** natürlich, denn es ist ein altes Wort für **Kamin**!

Florean Fortescue

Eisdieleninhaber in der *Diagonal Alley*, mit ausgeprägtem Hintergrundwissen über Hexenverbrennungen.

Sir Adrian Fortescue aus Devonshire starb 1539 als Märtyrer für die katholische Kirche. Er wurde in London enthauptet, weil er Anhänger des Bischofs in Rom war – zu einer Zeit, als Hexenverbrennungen nicht ungewöhnlich waren. Daß aus *Adrian Florean* wurde, liegt wohl an JKRs Vorliebe für Stabreime.

Flourish and Blotts

flourish:

eleganter Schwung, Schnörkel

blot:

Tintenklecks

Der Schulbuchhändler in der *Diagonal Alley* trägt in seinem Namen das, womit schon Generationen gelangweilter Schüler ihre Hefte und Bücher verschönt haben – nicht gerade werbewirksam in der Mugglewelt!

Fluffy

fluffy:

flauschig

So muß ein dreiköpfiger Höllenhund einfach heißen – wenn er Hagrid gehört. Eigentlich heißt er ja *Cerberus...*

Fubster, Colonel

fubsy:

dick und untersetzt

Der Herr kümmert sich um die dicken Hunde der dicken Tante Marge.

Fudge, Cornelius

fudge:

süße Leckerei aus Milch, Zucker, Butter, aber auch: verachtenswerter Unsinn, Quatsch

to fudge:

etwas hinbiegen, einer Entscheidung ausweichen, lavieren

Cornelius:

„der aus dem Geschlecht der Cornelier" – berühmtester Vertreter: *Cornelius Scipio Africanus*, der Zerstörer von Karthago

Wie bei fast allen Vornamen empfiehlt sich auch hier ein Blick in das Lexikon der Heiligen der katholischen Kirche, wo mindestens fünf Vertreter dieses Namens verzeichnet sind. Einer davon ist interessant: Papst *Cornelius* starb im Jahre 253 nach kircheninternen Kontroversen den Märtyrertod, und sein Nachfolger, allerdings nur etwa neun Monate lang, war Papst **Lucius**! Sollte das ein Hinweis sein?

Wie sagt Hagrid so schön (I/74)? „Wollten natürlich Dumbledore als Minister haben, aber der würde nie von Hogwarts weggehen. Deshalb hat Cornelius Fudge die Stelle bekommen. Gibt keinen größeren Stümper. Schickt also Dumbledore jeden Morgen ein paar Dutzend Eulen und fragt ihn um Rat." Nomen est omen!

G

Gambol and Japes

gambol, gamble:

herumtollen, tanzen, Glücksspiel betreiben

jape:

ein Gegenstand, mit dem man betrügt und täuscht, ein Zaubertrick

Das Ganze ist ein Laden für... dreimal dürft ihr raten!

gillyweed

gill + weed:

Kieme + Kraut

Nach Genuß dieser Mittelmeerpflanze wachsen dem Menschen kurzfristig Kiemen und Flossen, so daß er unter Wasser überleben kann.

Gladrags Wizardwear

glad:

fröhlich, froh

rags:

Fetzen, Lumpen

Eine Bekleidungsfirma, die während des Quidditchspieles für sich Werbung macht, mit Filialen in London, Paris und Hogsmeade.

gobbledegook

Eine der 150 Sprachen, die Barty Crouch spricht, ist gar keine, sondern eine gekünstelte Art zu reden, voll mit Fachwörtern, Fachchinesisch – lautmalerisch dem Kollern eines Truthahns nachempfunden

goblin

Kobold

Sprachgeschichtlich stammen der **goblin** und der **Kobold** aus der gleichen griechischen Wurzel. Beide sind häßliche, böse Wesen, die sich aber als Angestellte bei **Gringotts** durchaus zivilisiert benehmen können. Als Wachtposten sind sie ideal, denn man sagt, daß ihr Lächeln das Blut gerinnen läßt, daß ihr Lachen die Milch sauer macht und die Früchte von den Bäumen fallen läßt.

Gordon

noch einer aus Dudleys Bande: ein *Gordon setter* ist ein Jagdhund – der beim Lieblingsspiel der Bande, *Jagd auf Harry Potter,* gute Dienste leisten könnte...

Goshawk, Miranda

Die Verfasserin von *A Standard Book of Spells* ist auf Deutsch ein *Hühnerhabicht, der zu bewundern ist...*

Goyle

gargoyle:

ein dämonisch aussehender Wasserspeier, eine Teufelsfratze, zu finden an vielen alten Kirchen und Türmen, zur Abwehr von bösen Geistern

Granger, Hermione

granger:

Verwalter, Pächter eines Bauerhofes, aber auch

to Grangerize:

ein Buch mit Ausschnitten, Bildern usw. aus anderen Büchern illustrieren und erweitern, genau das Richtige für Hermi(o)ne

Hermione:

griechischer Vorname, weibliche Form von **Hermes**, Götterbote, Gott der Wissenschaft, des Handels und der Beredsamkeit (!). Literarisches Vorbild für JKR war wohl Herr *Shakespeare*, der den Namen in *The Winter's Tale* unsterblich werden läßt.

Hermes Trismegistus (ägypt.: Thoth) galt für die Alchemisten als Autor von geheimen Lehrsätzen und der Gesetze der Alchemie.

Astrologisch gesehen sind Frauen dieses Namens

„determined, elegant, tender. She herself is truthful and never forgives those who deceive her. Implicitly faithful in love"

Aussprache: [hörm'aionie]

Grey Lady

Lady Jane Grey (1537-1554) war im Jahre 1553 englische Königin für 9 Tage, wurde zugunsten von *Mary I.* abgesetzt und bald darauf enthauptet, weil ihr Vater ein böser Revoluzzer war. Nun tut sie Dienst als Hausgeist von *Ravenclaw.*

grim

Professor Trelawney orakelt: **„You have the Grim"** und meint damit nichts anderes als den *grimmigen* Tod... verwandt mit **Isegrim**, dem bösen Wolf.

Grindylow

grindel + low:

grimmig, wild + Wasser, Teich

wie ersichtlich, unangenehme Wasserwesen, die *Fleur Delacour* bösen Ärger machen

Gringotts

ingot:

Gold- oder Silberbarren

Die Bank, die jedes Magiers Vertrauen verdient und in der auch der Goblin *Greifhaken*, **Griphook** seinen Dienst tut.

Grunnion, Alberic

eine weitere Schokofroschbildkarte

grunion:

eine Stintart aus Kalifornien, die zum Laichen an Land kommt und sich dann per Hand fangen läßt (wie dumm!) – siehe **Smeltings**

Alberic:

besser bekannt als **Oberon** der Elfenkönig oder **Alberich** der Zwergenkönig

Gryffindor

griffin:

greif, Sagenvogel mit Adlerkopf und Löwenkörper (siehe dazu auch das Hauswappen: der Löwe)

-dor:

in Ortsnamen „Wild, wildes Tier", oder frz. „d'or" *aus Gold* – oder beides...

Dor wird auch gern als Endsilbe für exotische Länder verwendet (Ecuador), besonders von Tolkien (Goudor, Movdor, Eviador). Das Dorado ist das sagenhafte Goldland.

Gudgeon, Gladys

(Lockhard - Fan)

gudgeon:

jemand, der unbesehen alles glaubt, jeden Köder schluckt

H

Hagrid, Rubeus

hag-rid:

> besessen von einer **hag**, das heißt einer Hexe, verfolgt von einem Albtraum, bedrückt

rubeus:

> rotgesichtig – beides Anspielungen auf seinen gelegentlich leichtfertigen Umgang mit Alkohol...

> Seine Flüche sind auch nicht ohne und reimen sich vorne:

> **gulping gargoyles** (Wasserspeier mit Schluckauf)

> **galloping gorgons** (galoppierende **Gorgonen**, drei böse griechische Sagenfiguren mit Schlangen statt Haaren, deren Blick versteinern konnte, die tödlichste der Damen hieß **Medusa**)

> **Fridwulfa:** Hagrids Mutter, eine *friedliche Wölfin?*

Hallowe'en, Halloween

wichtiges Fest in *Hogwarts*

In der Nacht vom 31. Oktober auf den ersten November feierten die irischen Kelten den Übergang von der warmen in die kalte Jahreszeit, auch begann im alten irischen Kalender das neue Jahr am 1. November. In dieser Nacht konnten die Toten die Lebenden besuchen, alle Geister und Dämonen trieben ihr Unwesen, es war die Hexennacht. Um sich während dieser bösen Zeit, genannt *Samhain*, nicht allzu sehr fürchten zu müssen, zündete man Lichter in ausgehöhlten Rüben an und zog von Haus zu Haus. Ab dem 9. Jahrhundert übernahm die katholische Kirche den Termin und machte ihn zum Totengedenktag.

Das Wort leitet sich ab von *All-Hallow-Even*, die Nacht vor Allerheiligen.

In Amerika übernahm man das Brauchtum, nur gab es da keine Rüben – also nahm man Kürbisse...

Hedwig

Harrys Schnee-Eule trägt den Namen einer polnischen Heiligen, die sich besonders um Litera-

tur und Bildung verdient gemacht hat, deren
Sinnbild Eulen bekanntlich sind. Es gibt sogar
zwei heilige **Hedwigs**:

- die Patronin von Schlesien, 1174-1243, und,
die bekanntere,

- die Königin von Polen, 1374-1399, Gründerin
der Dynastie der *Jagiellos* und Wiedergründerin
der Universitat *Kraków*.

hinkypunks

hink + punk:

Zaudern, Zweifel + Zunder, Zündschnur

Diese kleinen Wesen haben nur ein Bein, sehen
aus wie eine kleine Rauchschwade die eine La-
terne trägt, und locken Wanderer, die sich ihres
Wegs nicht sicher sind, in unwegsames Sumpf-
gelände.

Hogsmeade

hog + mead (old form of meadow):

Wiese für die Schweine

mead kann auch noch Met oder Honigwein bedeuten, ein Hinweis auf *The Three Broomsticks*, die örtliche Kneipe.

Hogwarts

hog:

Hausschwein

wart:

Warze

wart-hog:

Warzenschwein

Wenn man ungezogen sein will, bringt man **hogwash** ins Spiel, das etwa *Quatsch, Blödsinn* bedeutet und ganz ähnlich klingt. Wenn ich so an *Dumbledores* Begrüßungs- und andere Reden denke, ist diese Idee nicht völlig abwegig...

Draco dormiens nunquam titillandus (Wappenspruch) einen schlafenden Drachen soll man nie kitzeln

Honeydukes

honeydew:

Honigtau ist eine sehr süße Substanz; gemischt mit dem Adelstitel **Duke** ein idealer Name für ein Süßwarengeschäft

Hooch, Madam

hooch:

billiger Fusel, (alkoholisches) Gesöff

Schon bedenklich, wenn die Zauberbesenflug-lehrerin und Quidditchschiedsrichterin einen solchen Namen trägt.

Hopkirk, Mafalda

Die Dame arbeitet im Zauberministerium und schreibt einen Warnbrief an Harry, in dem sie ihn nachdrücklich darauf hinweist, daß er außerhalb von Hogwarts Magie zu unterlassen habe.

Mafalda ist eine ganz bezaubernde Comicfigur des Argentiniers *Quino*, **Randall and Hopkirk**

(Deceased) eine Kultserie im englischen Fernsehen...

Hornby, Olive

eine Schülerin in *Hogwarts*, die *Moaning Myrtle* wegen ihrer Brille aufzieht und dafür von ihr heimgesucht wird

Nick Hornby ist ein berühmter zeitgenössischer englischer Journalist und Buchautor, *olivgrün* sind wohl die Haare oder die Gesichtshaut der jungen Dame, wenn der Spuk sie überfällt; vielleicht sieht sie auch nur so umwerfend aus wie die Geliebte des Spinatmatrosen *Popeye: Olive.*

Hufflepuff

huffle:

*Windstoß, sich auf*blasen

puff:

Windstoß

Die Gründerin **Helga Hufflepuff** erinnert sehr an *Hägars* Ehefrau, stammt sie doch aus der

79

gleichen Gegend, ist arbeitsam („the Hufflepuffs are hard workers") und eine starke Frau.

I

ickle

Kindersprache für **small** – Ron's Brüder bezeichnen ihn so.

Imperius

imperious:

beherrschend, regierend, dominant, überlegen, zwingend

Einer der drei unverzeihlichen (mit Askabanhaft bedrohten) Flüche, mit dessen Hilfe man das Opfer zwingen kann, alles zu tun, bis hin zum Selbstmord.

J

Jigger, Arsenius

Der Verfasser von *Magical Drafts and Potions* trägt schon Gift in seinem Namen:

arsenious:

Arsen-, arsenhaltig – hochgiftiges Zeug!

jigger:

Die Liste der Bedeutungen ist lang, am besten erscheinen mir hier: *Meßbecher* oder *illegale Schnapsbrennerei...*

Johnson, Angelica

Sie spielt *chaser* im Gryffindor-Quidditchteam, ist *engelsgleich* (**angelic**) und schnell wie **Ben Johnson** (*1961), der seine Hochgeschwindigkeit leider nur durch massives Doping erreichen konnte...

Jordan, Lee

Der Quidditchkommentator aus dem Hause Gryffindor ist wohl eine Mischung aus dem Basketballstar *Michael Jordan* und dem irischen Drehbuchautor und Regisseur *Neil Jordan*, der neben vielen anderen Filmen z.B. *Interview mit einem Vampir* zu verantworten hat...

Jorkins, Bertha

In *Charles Dickens* David Copperfield gibt es einen gewissen *Mr Jorkins*, der wahrscheinlich der Namensgeber für diese entseelte Hexe ist...

Zumindest decken sich die Tätigkeitsbeschreibungen der beiden: beide arbeiten *nichts*...

„I am sure I knew nothing about him, except that he had originally been alone in the business, and now lived by himself in a house near Montagu Square, which was fearfully in want of painting; that he came very late of a day, and went away very early; that he never appeared to be consulted about anything; and that he had a dingy little black-hole of his own upstairs, where no business was ever done, and where there was a yellow old cartridge-paper pad upon his desk, unsoiled by ink, and reported to be twenty years of age."

K

kappa

nach shintoistischem Glauben ein Flußdämon,
oft dargestellt als Mischung aus Schildkröte,
Affe und Frosch, im Prinzip der gleichen Frei-
zeitbeschäftigung nachgehend wie die schottischen **kelpies**, allerdings spezialisiert auf Kinder...

Karkaroff, Igor

cark, (kark):

eine schwere Bürde, eine Zentnerlast, die auf
das Gemüt drückt, beunruhigt, schwermütig
macht

Karkaroff ist der Direktor der Zauberakademie
mit dem schlechtesten Ruf in Sachen schwarze
Magie, *Durmstrang*. Er selbst war früher ein
Anhänger *Voldemorts*, hat aber einige Mitan-
hänger an die ministerielle Untersuchungskom-

mission verraten, um sich aus *Askaban* freizu-
kaufen. Diese Vorgeschichte und die Gefahr, daß
Voldemort wieder zur Macht kommt und sich
an ihm rächt, lasten zentnerschwer auf seinem
Gemüt. Die Ähnlichkeit mit dem englischen Eigenschaftswort zu *Kerker (carceral)* ist bestimmt
auch nicht ungewollt...

kelpie

in den schottischen Lowlands ein Wassergeist,
der in verschiedener Gestalt, oft als Pferd auf-
tritt und hobbymäßig unschuldige Wanderer
und Reisende in einen nassen Tod mitnimmt...

Kettleburn, Professor

ein Zauberkesselverbrenner...

Knickerbocker Glory

Dudleys bevorzugte Zubereitungsart von Eis-
krem. Es handelt sich schlicht um einen **Eisbecher**, das heißt Eis mit weiteren Zutaten,
wie Früchten etc. In der deutschen Übersetzung

steht „Eisbecher Hawaii". Benannt ist diese „ruhmreiche" Nascherei nach den ersten holländischen Siedlern an der Ostküste der USA. Die Bewohner von New York tragen diesen Spitznamen noch heute.

Vgl. auch Smeltings.

Knockturn Alley

nocturnally:

nächtlich – die Einkaufsstraße für fiese Typen wie die *Malfoys*...

Krum, Viktor

victor:

der Sieger

crumb!

Mensch! Kerl! (Ausruf)

Krum:

Khan Krum war ein siegreicher Anführer der Bulgaren von 803 bis 814.

Für Leute mit geringeren Geschichtskenntnissen: Unter Khan Krums Führerschaft erstreckte sich Bulgarien von der Donau bis zu den Karpaten, viele slawische Völkerschaften wurden in sein Reich integriert. Sein Lieblingsfeind war der Kaiser von Byzanz, dessen Schädel Krum nach der Schlacht am Vurbitzapaß versilbern ließ und hinfort als Trinkgefäß benutzte. Sein plötzlicher Tod verhinderte den Einzug in den kaiserlichen Palast in Konstantinopel. Was bleibt, ist die Tatsache, daß er erstmalig allgemeinverbindliche Gesetze für Bulgarien erlassen hat, die einige für die Zeit außergewöhnliche soziale Regelungen enthielten, wie die staatliche Fürsorge für Bettler und Arme.

L

leprechauns

Die Maskottchen der irischen Mannschaft sind winzige Kobolde, die der Sage nach immer einen Geldbeutel mit einem Schilling bei sich tragen – entsprechend verhalten sie sich auch während des Spiels: sie werfen mit Gold um sich, das allerdings einige Stunden später wieder verschwindet.

Little Hangleton

Es gibt einen Ort in Südengland, **Hangleton**, berühmt für ein mittelalterliches Wohnhaus.

Als Wohnort der *Riddles*, das heißt der Familie Voldemorts, hat es wohl eine Verbindung mit Hängen und Galgen, zumal das örtliche Gasthaus *The Hanged Man*, der Gehenkte heißt.

Little Whinging, Surrey

to whinge:

jammern, sich weinerlich über etwas beklagen, winseln (da kommt das englische Wort her!)

Gibt es einen besseren Wohnort für die *Dursleys* als ein Kaff, das sich „Kleinjammerkaff" nennt? *Surrey* ist übrigens im Süden von England, London ist leicht erreichbar.

Lockhart, Gilderoy

Gilderoy:

Name eines schottischen Räubers, der zwar gut aussah, aber wegen seiner bösen Taten am höchsten Galgen hängen mußte. Mit etwas gutem Willen kann man auch *Güldenkönig* übersetzen, welchem Namen er auch durch sein güldenes Haar und sein gar königliches Gehabe alle Ehre macht.

Lockhart:

eine Stadt in Australien, in der Nähe von Wagga Wagga, wo Herr Lockhart angeblich einen Werwolf niederrang – seine Schüler sollten darüber als Hausaufgabe ein Gedicht schreiben

Longbottom, Neville

longbottom:

Ortsname, „langes Tal", der deutsche Übersetzer verwendet gern „Lahmarsch" für den Familiennamen!?

Neville:

einer der seltenen Vornamen, die ursprünglich Familiennamen waren: frz. *ville neuve* „Neustadt"

Neville ist ja nicht der Klügste, aber ein durchaus brauchbares Mitglied von Hogwarts, mit interessantem Familienhintergrund. Wenn man Neville wieder ins Englische umsetzt, kommt *Newton* heraus – und der war ja hochbegabt. Diese ironische Verdrehung und der Hinweis auf eine ländlich zurückgebliebene Herkunft – ob JKR das alles wirklich so beabsichtigt hat?

Lupin, R.J., Professor

Eine Mischung aus lateinisch **lupus**, *der Wolf* und **Arsène Lupin** (R.J. und Arsène haben doch eine recht ähnliche Lautung im Englischen), einem der ersten Krimi-Detektive – passend für einen undurchsichtigen Werwolf; sein Vorname

Remus deutet wieder auf das Wölfische hin, da ja *Romulus* und *Remus*, die sagenhaften Gründer Roms von einer Wölfin gesäugt wurden.

Spitzname zu Jugendzeiten: **Moony**, mondsüchtig.

M

Macmillan und Macnair

Ernie aus *Hufflepuff* und Walden der Henker sind mir nicht entgangen, aber es gibt einfach zu viele Macmillans und Macnairs – ich kann sie nicht eindeutig zuordnen...

Madam Malkin's Robes

malkin:

Kurzform von **Matilda**, oft Name von weiblichen Spukgestalten, daneben auch Bezeichnung für eine ungepflegte Frau, für einen Wischlappen oder auch eine Vogelscheuche – ideal also für die Betreiberin eines Modegeschäfts.

Mad-Eye Moody, Alastor

moody:

übellaunig, trübsinnig, *aber auch* tapfer, stur, überheblich...

mad-eye:

Anspielung auf sein frei bewegliches magisches Auge

alastor:

ein unermüdlicher Rachegeist

Malfoy, Lucius, Draco, Narcissa

Lateinisch **mala fides** gibt im Französischen des 16. Jahrhunderts **malfoy** (theoretisch) und bedeutet Mißtrauen, Zweifel, Verdacht – muß man mehr dazu sagen?

Lucius:

eigentlich eine lichtvolle Gestalt, aber **Lucifer**, der **Lichtbringer**, ist ein Beiname für den Teufel... (siehe auch **Cornelius Fudge**)

Draco:

entweder der Drache oder aber eine Anspielung
auf Draco von Athen, der 621 v. Chr. die bekannten *drakonischen Strafen* einführte...

Narcissa:

weibliches Ebenbild des griechischen Jünglings
Narcissus, der sich in sein eigenes Spiegelbild im
Wasser verliebte und daran zugrunde ging...

manticore

ein ganz nettes Ungeheuer: Menschenkopf,
Löwenkörper, Stacheln wie ein Stachelschwein
und Skorpionschwanz – *Hagrid* wäre begei-
stert...

Mason, Mr and Mrs

Wie sonst sollte man einen Bauunternehmer
nennen, der bei Dursleys zu Besuch kommt, als

mason:

Baumeister

Maxime, Olympe

Der *Olymp* ist der Wohnort der griechischen Götter, lat. *maxima* ist die Größte, die Beste...

Die halbriesige Chefin der Zaubererschule *Beauxbatons* trägt den ihr zukommenden Namen!

McGonagall, Minerva

Der Name ist wahrscheinlich inspiriert (JKR hat es in einem Interview zugegeben) durch den schottischen Dichter **Sir William Topaz McGonagall** (1825-1902), der jedenfalls auch so schreibwütig war wie JKR, allerdings völlig unbegabt und Zielscheibe des Spotts in *Dundee*, nicht weit von *Edinburgh*, wo JKR lebte und schrieb – inzwischen ist sie für 7 Millionen Euro nach London in ein bescheidenes Heim mit Sekretärin umgezogen.

Minerva ist der lateinische/römische Name von Athene, der Göttin der Weisheit und Wissenschaft, auch von Handwerk und Technik. Ihr Tier ist die Eule...

Miggs, Martin the Mad Muggle

Stan Laurel und *Oliver Hardy* (auch bekannt als
Dick und Doof) treffen in ihrem Film *Bonnie
Scotland* auf einen unangenehmen Zeitgenossen
namens **Miggs.**

Moaning Myrtle

myrtle:

Myrtus communis, die Brautmyrte, ist der Venus
geweiht, ein Symbol der Liebe. Ist dieser traurige
Toilettengeist nicht eine der ersten echten Ver-
ehrerinnen des jungen Harry Potter?

to moan:

jammern, sich beklagen

Mockridge, Cuthbert

Cuthbert:

der Apostel von Northumbria, ein schottischer
Mönch aus dem 6. Jahrhundert

to mock:

sich lustig machen

ridge:

Rücken, Bergrücken

Wer ist besser geeignet als eine Person mit dem breiten Rücken eines Heiligen, sich im Ministerium mit solchen Scherzkeksen wie den Kobolden zu befassen?

money

knut:

eigentlich ein kleiner aufgeblasener Wicht

sickle:

Anklang an die hebräische Scheidemünze „Schekel" oder auch „Sekel"

galleon:

So nannte man die Kriegsschiffe der spanischen Armada, die u.a. Gold aus Südamerika nach Spanien brachten.

Nur zur Erinnerung: *„17 Silbersickel sind eine Galleone und 29 Knuts sind eine Sickel."*

Montague

Chaser im Quidditchteam von *Slytherin:* schlag' nach bei *Shakespeare*, bei *Romeo* und so...

Morgana

Dame auf einer Schokoladenfroschkarte

Morgan le Fay:

Königin von Avalon, Halbschwester von König Arthur, die Lady vom See und Namensgeberin der Fata Morgana.

Morsmordre

mors (lat.):

der Tod

mordre (frz.):

beißen

Mit diesem Zauberwort wird das Markenzeichen des Lord V. heraufbeschworen, ein weithin sichtbarer Totenschädel, aus dessen Mund eine Schlange herauszüngelt.

Mortlake

ein Typ aus dem Ministerium

The Mortlake Hangings sind hochberühmte historische Wandteppiche, zu bewundern in der Stadt *Mortlake, Surrey...*

Mosag (Aragogs Frau)

mosag:

gälisch (spricht man in Schottland) für *Schlampe, Dirne*

mudblood

mud + blood:

Schlammblut

So bezeichnen Draco Malfoy und seinesgleichen alle Magier, die nicht reinblütig sind, in deren Adern auch oder ausschließlich Muggleblut fließt.

Ein dankbares Forschungsgebiet wäre JKRs Weltsicht, ihre Verurteilung von Diskriminierung, Despotismus, Dummheit.

Vielleicht erweist sich ja nicht als Zufall, daß die *deatheaters* an gewisse Geheimbünde erinnern, daß die *Kammer des Schreckens* im Schuljahr 1942/43 erstmalig geöffnet wurde, zur Hochzeit eines totalitären Regimes, daß *Dumbledore* sich als größtes Verdienst die Eliminierung des bösen *Grindelwald* im Jahre 1945 anrechnet.

Wer nachrechnen will: im Band zwei wird am 31.10. der 500. Sterbetag des *Nearly Headless Nick* gefeiert, der im Jahre der Entdeckung Amerikas 1492 so stümperhaft gerichtet wurde. Dadurch ist auch ersichtlich, wann „vor 50 Jahren" gewesen sein soll...

Muggle

muggle, moggle:

altes Wort aus Kent für „Geschwänzter", manchmal auch „geliebte Person". Vielleicht auch einfach ein Phantasiewort von JKR, inspiriert durch eine Louis-Armstrong-Schallplatte namens „Muggles", wo das Wort allerdings mit Marijuana versetzte Zigaretten bezeichnet. Auch Trademark verschiedener Firmen und anderes mehr.

JKR soll im Interview behauptet haben, daß das Wort **mug** in der Bedeutung *Trottel* sie geleitet habe... *honny soit qui mal y pense*

Mulciber

mulciberian:

Vulkan, dem Gott des Feuers und der Schmiedekunst ähnlich

Spezialist für den **Imperious-Fluch**, Anhänger Voldemorts, der viele Leute dazu brachte, schlimme Dinge zu tun.

Mundungus

Eigentlich heißt er **Mundungus Fletcher** und ist (noch) unwichtig, abgesehen davon, daß er in Band vier versucht, Sozialleistungen zu erschleichen...

mundungus:

stinkender Tabak von schlechter Qualität – nicht nur einfach ein schönes Wort, sondern auch ein übellauniger Autor, der in Sternes *A Sentimental Journey* satirisch dargestellt wird. Das Wort kommt übrigens von spanisch *mondongo*, wo es Blutsuppe, Blutwurst und ähnliche Delikatessen bezeichnet...

fletcher:

jemand, der Pfeil und Bogen herstellt, Bogenmacher

Murcus

mucus:

Schleim

murk:

Düsternis, trübes Wasser

Die Chefin der Meerleute läßt jeden Engländer
unweigerlich an ein schleimiges Wasserwesen
denken, das eher im Trüben fischt...

N

N.E.W.T. s

Nastily Exhausting Wizarding Tests – entspricht den englischen *A-level exams*, der Abschlußprüfung in der Oberstufe, dem Zauberabitur

ein *newt* ist ein Wassermolch

Nagini

Hindugöttin mit dem Oberkörper einer Frau, von der Hüfte abwärts ist sie eine Schlange; wenn sie nicht diese Form hat, gehört sie zu den **Naga**, unheimlichen Riesenschlangen mit sieben Köpfen, die im Wasser leben (ähnlich der griechischen *Hydra*)

Nearly Headless Nick (Gryffindor Ghost)

richtiger Name: Sir Nicholas de Mimsy-Porpington

nick:

Kerbe, kleiner Schnitt – wie passend!

mimsey:

prüde, verklemmt, verachtenswert (eine Erfindung von Lewis Carroll aus *Rectory Umbrella & Mischmasch*)

porpington:

wahrscheinlich abgeleitet von **porcupine**, „Stachelschwein", zumindest verwendete ein früher Nachfahre von Sir Nicholas, ein gewisser Herr *Shakespeare*, die Form **porpentine**, die ja schon recht ähnlich ist.

Nettles, Madame Z.

nettle(s):

Unruhe, Unwohlsein, Brenn-, Taub- und sonstige Nesseln

Die Dame war beunruhigt, weil ihre Zauber-
kenntnisse nicht ausreichend waren. Nach
Abonnierung des *Kwikspell*-Zauberfernkurses
(den auch *Argus Filch* bezieht) sind ihre Fähigkeiten über jeden Zweifel erhaben.

nifflers

to niff:

stinken, stinkig sein, sich streiten

Maulwurfsartige Tierchen, die glänzende Ge-
genstände auch unter der Erde finden können,
ideale Schatzsucher.

Nimbus 2000, 2001

nimbus:

die Aura, von der außergewöhnliche Personen
und Dinge umgeben werden, und natürlich auch
ein Hinweis darauf, daß dieses Fluggerät bis in
die *Nimbuswolken* steigen kann.

Norris, Mrs.

Die Katze von Argus Filch ist einer Figur der Romanautorin **Jane Austen** aus dem Roman **Mansfield Park** nachempfunden. Folgende Aussage zu Austens Figur charakterisiert wohl auch weitgehend die bösartige Schnüffelkatze:

„Short of criminality, nothing can be more odious; nor has Jane Austen painted anything which we should say was more worthy of hatred. Mrs. Norris is harsh, ill-natured, mean, and artful."

O

O.W.L. s

Ordinary Wizarding Levels – entspricht den englischen *O-level exams*, der Abschlußprüfung der Mittelstufe, der Mittleren Reife in Zauberei...

obliviator

to obliviate:

etwas vergessen machen, vergessen

Berufsbezeichnung für Zauberer, die dafür sorgen, daß Muggles wieder vergessen, was sie aus der Zauberwelt mitbekommen haben...

Ollivander's Magic Wands - since 382 b.c.

olivaster, olivander:

Olivenholz, olivenfarbig

382 b.c.:

Im Jahre 382 vor Christi Geburt war die Gegend um London von Kelten besiedelt, Druiden kümmerten sich um magische Angelegenheiten – Ollivander war dabei

Denkbar ist auch ein einfaches Wortspiel: **all wand –er**, Lieferant für alle Arten von Zauberstäben...

Omnioculars

omnis + oculus (lat.):

alles + Auge

Ein Fernrohr, mit dem man beim Quidditch wirklich alles sieht, sogar in Zeitlupe...

Ottery Saint Catchpole

otter + ea + saint + catchpole

der Ort, in dessen Nähe die Weasleys leben

Es gibt in Südengland ein Dorf namens **Ottery Saint Mary**, das bedeutet *Die Kirche der Heiligen Maria am Otterfluß*, wobei **ea** ein altenglisches Wort für *Wasser* ist. **Catchpole** ist nun entweder eine Art Gerichtsvollzieher, wie Mr Weasley, der Zaubergegenstände wieder einziehen muß, die in die Mugglewelt gelangt sind, oder aber ein Pfosten mit einer großen Drahtschlinge oben, wie sie im Quidditchspiel verwendet werden – sucht euch eine Erklärung aus...

P

Parkinson, Pansy

„Pansy Parkinson, a Slytherin girl with a face like a pug. Potter..." Das muß man sich einfach auf der Zunge zergehen lassen:

pansy:

Stiefmütterchen

Parkinson:

Krankheit (Schüttellähmung)

pug:

Mops

Der feinsinnige Stabreim dazu – JKR muß etwas gegen Slytherin haben, und gegen *Draco Malfoy*, da PP wahrscheinlich in Band 5 eine engere Beziehung zu ihm aufnehmen wird.

parselmouth

Schlangen reden mit gespaltener Zunge – Harry kann es auch.

to parcel:

Eine der Bedeutungen dieses englischen Verbs ist *teilen, aufteilen* (siehe Parzelle!)... davon abgeleitet wurde jemand mit gespaltener Oberlippe, also einer *Hasenscharte*, als *parselmouth* bezeichnet...

Patil, Parvati and Padma

Parvati:

die Hindugöttin Parvati, Gemahlin des Shiva, ist wunderhübsch, aber auch gefährlich und trägt zwölf Waffen gleichzeitig. Diesen weiblichen Waffen ist Harry nicht gewachsen, oder will es noch nicht sein...

Padma:

die *Lotusblüte* im Hinduismus, die das reine Wesen verkörpert, weil der Schmutz, aus dem sie wächst, von ihrer Blattoberfläche abperlt

Patil:

ein Allerweltsname in Indien

Peasegood, Arnold

to pease (+ good):

Zorn und Haß stillen, Frieden stiften, die Ruhe wiederherstellen

Passender Name für einen **obliviator.**

Peeves

peeve:

jemand mit leicht bösartigem Humor, einer, der nervt – paßt doch, oder...?

pensieve

pensive + sieve:

nachdenklich, gedankenvoll + Sieb

Zaubergegenstand in Dumbledores Büro, der ihm hilft, seine Gedanken zu ordnen und zu filtern, Zusammenhänge zu erkennen, ein Aufbewahrungsort für überzählige Erinnerungen...

Pepper Imps

Süßigkeit, die es bei *Honeydukes* zu kaufen gibt

Ein **imp** ist ein junger Dämon.

Pettigrew, Peter

petty:

klein, kleingeistig, unbedeutend

grew:

Auf den ersten Blick sieht das aus wie eine Form von *to grow*, aber ich vermute eher **to grue**, sich grausen, Grauen erregen dahinter, paßt auch besser zur Figur.

Spitzname zu Jugendzeiten: **Wormtail**, Wurmschwanz.

Alternative: the **pet I grew**, das *Haustier, das ich aufzog* – wäre nur aus *Rons* Sicht verständlich...

Pigwidgeon (Rons Eule)

pigwidgin, pigwidgeon:

> kleines, armseliges Ding, Dummkopf, Einfalts-
> pinsel

Pince, Madam

pince-nez:

> Kneifer, so eine Brille, die man sich auf die Nase
> zwickt, passend für eine Bibliothekarin

plus-fours

> ein etwas altmodisches Kleidungsstück: Knicker-
> bockerhosen, besonders weit geschnitten, wie
> man sie früher zum Golfen oder Wandern trug;
> der Name kommt von den zusätzlichen vier
> Inches (10 cm), die man brauchte, um die Hose
> extraweit zu machen.

Poliakoff

ein Mitglied aus der *Durmstrang* Delegation, der sich beim Essen bekleckert:

Sergej Poljakoff (1906-1969) war ein russisch-stämmiger, französischer Maler, der viel mit Farben und Flächen experimentierte. Typisch für ihn wäre ein Bild gewesen, wie es JKR heraufbeschwört: verschiedene Essensreste auf rotem Untergrund...

Polkiss, Piers

polkiss:

1965/66 waren Tänze wie *Letkiss, Polkiss, Monkiss* die neueste Mode. JKRs Eltern waren lebenslustige, weltoffene Menschen, am 31. Juli 1965 wurde eine gewisse J.K. Rowling geboren...

1967 veröffentlichte **Piers Anthony** seinen ersten Roman *Chthon*, seitdem sind eine Menge weiterer Bücher erschienen, wie der nunmehr 8-bändige Serienroman *Die Saga vom magischen Land Xanth*, mit magischem Schloß, Waldschraten, Elfen u.a.m. – Zufall?

Pomfrey, Madam Poppy

pomfrey (Pontefract/pumfret) cakes:

Pastillen, die aus Süßholz bereitet werden,
das in der Gegend von Pontefract/Yorkshire
angebaut wird. Diesen Pastillen wird eine hei-
lende Wirkung zugeschrieben, da das Süßholz
ursprünglich als Heilpflanze angebaut wurde.
Der Ortsname würde einen eigenen ausführ-
lichen Artikel verdienen.

poppy:

Mohn, seit Urzeiten eine Pflanze, aus der allerlei
Heilmittel gewonnen werden...

Pontner, Roddy

eines der Wettbetrugsopfer von *Ludo Bagman*

In ihren Jugendjahren las JKR unter anderem die
Bücher des irischen Schriftstellers **Roddy Doyle**.

Porskoff Ploy

ein besonders tückischer Spielzug, um den Gegner beim Quidditch zu verwirren:

ploy:

Trick

to pour scoff:

Verachtung ausgießen – über den Gegner natürlich, eine richtig gemeine Sache, das...

Portkey

...port....:

wie in Trans*port* oder Tele*port*ation (was es wohl genauer trifft)

key:

Schlüssel; der Gegenstand, der einem diesen Transportweg im wahrsten Sinne des Wortes „erschließt"

Potter, Harry, James, Lily

potter:

Töpfer, auch fahrender Geselle, Zigeuner – Harry formt sich selbst aus einem Tonklumpen zu einem perfekten Gefäß, wozu er sieben Jahre braucht.

potter's field ist der Teil des Friedhof, auf dem die Armen verscharrt werden – Anspielung auf Harrys entbehrungsreiche Kindheit?

Die Figur wurde inspiriert durch JKRs Nachbarn *Ian Potter*, mit dem sie in ihrer Kindheit gerne spielte und der als Junge dem literarischen HP stark ähnelte.

Harry:

alter teutonischer Name, der „Herrscher, Herr im Haus" bedeutet (Heinrich!)

HP, wie **H**arry **P**otter: Diese Abkürzung ist in England jedem Kind vertraut, zum einen durch die *HP-Sauce* von *Heinz*, die dort berühmter ist als bei uns *Maggi*, zum anderen durch das Parlament, die „**H**ouses of **P**arliament".

James:

hebräischer Vorname, bedeutet „Betrüger, Ersatzperson"! (was will die Autorin uns sagen?)

Spitzname zu Jugendzeiten: **Prongs**, Krone, Gabel, Geweih (er konnte sich in einen Hirsch verwandeln)

Lily:

lateinischer Vorname, bedeutet „Lilie", mithin
eine reine, strahlende Person

Prang, Ernie

(driver of the Knight Bus)

prang:

Verkehrsunfall

Prewetts, The

Voldemort tötete neben den *Potters* noch die
Bones, die *McKinnons* und die **Prewetts**. Letz-
terer Name prangt auf den Packungen von *Prewetts Chicory,* Kaffee-Ersatz für finanzschwache
Schriftstellerinnen?

Pringle, Apollyon

Apollyon:

der Zerstörer, ein Beiname des Teufels

Pringle:

ein gängiger Familienname, auch literarisch oft verwendet, ansonsten bekannt als gesalzene, gepfefferte oder in Essig gebadete Kartoffelchips...

Ein teuflischer Typ, der Vorgänger von **Argus Filch** auf dem verantwortungsvollen Posten des Hausmeisters in Hogwarts.

Privet Drive

privet:

Liguster

Warum läßt JKR die *Dursleys* gerade im Ligusterweg wohnen? Der gemeine Liguster (*Ligustrum vulgare*) ist leicht giftig (wie die *Dursleys*), seine Beeren werden just zum Schuljahresbeginn reif (mehr als fünf davon führen zu Vergiftungserscheinungen) – wahrscheinlich hat sie den Namen gewählt, weil er einfach sehr häufig ist. Natürlich ist auch eine Nähe zu **private** anzunehmen ist, da Harry bei den *Dursleys* ja sehr privat, ohne Kontakt zu Mitmenschen (und Zauberern) leben muß und die Außenkontakte der *Dursleys* (*Mr Mason*, Tante *Marge*) auch nicht gerade erfolgreich sind.

Die Hausnummer 4 nimmt schon zu Beginn des ersten Bandes die vier Häuser von Hogwarts voraus.

Im gerade entstehenden Film werden die Szenen im Hause Dursley im *Picket Post Drive* in einem Vorort der Stadt *Bracknell* gedreht.

Prod, D.J.

prod:

Anstoß, Schubs

prodigy:

Wunder

Herr *Prod* bedurfte nur eines kleinen Anstoßes aus dem *Kwikspell*-Fernzauberkurs, um seine Zauberfähigkeiten weiterzuentwickeln. Als erste Großtat verwandelte er seine Frau, die seine mangelnden Fähigkeiten kritisiert hatte, in einen Yak...

Pucey, Adrian

puce + pusillanimous:

Floh + feige und fies

Wieder einer aus Slytherin, *catcher* im Quidditchteam, ein fieser, hüpfender Floh, der natürlich chancenlos bleibt...

Puddlemere United

Oliver Wood tritt nach seiner Zeit in *Hogwarts* in die Reservemannschaft eines eher zweitklassigen Vereins ein:

puddle + mere:

Pfütze + Lache (große Pfütze)

Da kann man ihm nur viel Spaß beim Pfützenhüpfen wünschen...

Q

Quidditch

quiddity + ditch:

quiddity: das Wesen einer Sache, das Wichtigste, etwas, das nicht greifbar ist (wie der Snitch)

to ditch: jemanden abservieren, baden gehen lassen, etwas wegschmeißen

Sicher bin ich ja nicht, aber Quidditch als der wesentliche Lebensinhalt vieler Hogwartsschüler, die rüden Regeln, der „unfaßbare" Snitch – paßt ja alles irgendwie ganz gut zusammen... *Cornelia Rémi* hat da auch eine interessante Theorie: Man nehme sich die passenden Buchstaben aus *quaffle, bludger, bludger, snitch* und schnitze sich ein schönes neues Wort...

Quirrell, Professor

Angesichts der bösen Rolle, die der anfangs so Harmlose später spielt, dürfte sein Name wohl vom frz. **querelle**, englisch **quarrel** abgeleitet sein, beide bedeuten „Streit".

R

Ravenclaw (Rowena)

raven + claw:

„Rabenkralle" (siehe dazu das Hauswappen: der Adler)

Rowena war die legendäre Tochter von **Hengist of Woodcroft**, kommt auch in Sir Walter Scotts *Ivanhoe* vor...

Red Caps

Rotkappen

Geister, die bevorzugt in alten Gemäuern spuken, oder Militärpolizei – wohl eine Mischung...

Ripper

Jack the Ripper, Jack *der Aufschlitzer* meuchelte im vergangenen Jahrhundert reihenweise Prostituierte in London, Tante *Marges* Hund jagt *Harry Potter* auf einen Baum und läßt ihn den ganzen Tag nicht wieder herunter – wer ist schlimmer?

Rookwood, Augustus

rook:

Betrüger, Schwindler

august(ious):

großartig, erhaben, hervorragend

Spion Voldemorts im Zauberministerium, von *Karkaroff* verraten...

Rosmerta, Madam

Die rundliche Wirtin in den *Three Broomsticks* ist die gallisch-keltische Göttin der Fruchtbarkeit und des Reichtums, man nennt sie auch die

Sorgende – ein feiner Zug im Dienstleistungsge-
werbe...

S

S.P.E.W.

Society for the Promotion of Elfish Welfare

Hermi(o)ne setzt sich in den Kopf, für das Wohlergehen der versklavten Hauselfen zu kämpfen. Niemand hat ein Einsehen für dieses Ansinnen (nicht einmal die Betroffenen), man findet das eher zum Speien (*to spew*)

Saint Mungo's Hospital

mungo:

ein Großkopferter, ein richtig wichtiger Mensch

Lucius Malfoy gibt eine Spende für dieses Krankenhaus – dann kann es eigentlich nur diesen Namen tragen...

Salem Witch Institute

Auch die bekannten *Hexen von Salem* kamen zum Quidditchendspiel.

Scabbers, Rons Ratte

scabby:

schorfig, grindig, räudig

scabrous:

geschmacklos

Wenn sich ja da nicht jemand anders verbergen würde, könnte man fast von Rattenbeleidigung reden...

Scamander, Newt

Verfasser des grundlegenden Werkes *Fantastic Beasts and Where to Find Them*

newt:

Wassermolch

to scamander, to meander:

ausschweifend und abschweifend berichten, nicht zur Sache kommen – ein Lehrbuchautor!

Der Skamander ist ein Fluß bei Troja, der gemächlich in vielen Schleifen dahinströmt, mäandert...

Shunpike, Stan

shun-pike:

schmale Nebenstraße, die man benutzt, um gebührenpflichtige Straßen zu vermeiden...

Er fällt eigentlich nur dadurch auf, daß er sich nach dem Quidditchendspiel in Band 4 besonders großspurig vor den *Veelas* produziert.

Sinistra, Professor

sinister:

entweder *link* oder *böse* und *verdächtig* – sie ist eine harmlose Astronomielehrerin...

Skeeter, Rita

skeeter:

- jemand, der die Sportart Tontaubenschießen ausübt

- umgangssprachlich für *Moskito*

Rita Skeeter, die rasende Reporterin (**to skeet:** *sausen, rennen, flitzen*), schießt auf alles und jeden und bedient sich manchmal sehr geheimnisvoller Mittel, um an Informationen heranzukommen.

Vielleicht lief bei der Erfindung dieser Figur auch die Beatles-Platte „Sergant Pepper" – mit dem schönen Lied „Lovely Rita Reter Maid". Jedenfalls klingt der Reim wie bei dieser Politesse.

Skele-gro

skeleton + grow:

Skelett + wachsen

Eines der Mittelchen aus *Madam Pomfreys* Medizinschrank, das abhanden gekommene Knochen wieder nachwachsen läßt.

Skower, Mrs

Mrs Skower's All-Purpose Magical Mess Remover:

ein Allzweckzaubermittel zur Beseitigung von Unrat und Unordnung jeglicher Art. **To scour** ist verwandt mit dem deutschen Wort *scheuern, sauber reiben,* was es passenderweise auch im Englischen heute noch bedeutet.

Slytherin

slithery:

schlüpfrig, schlangenartig (siehe dazu das Hauswappen: die Schlange)

Salazar Slytherin, Mitbegründer von Hogwarts:

Wie allgemein bekannt, verbrachte JKR einige Zeit ihres Lebens in Portugal; langjähriger Ministerpräsident des Landes, eine nicht unbedingt positiv zu sehende Politikerpersönlichkeit, war ein gewisser **António Oliveira de Salazar** – Zufall?

Manche Leute sehen in seinen Initialen auch einen Hinweis auf Hitlerdeutschland und die SS!?

Smeltings

(Dudley's Highschool)

smelt:

Stint

Ein Stint ist eine Fischart, die wohl nicht als besonders intelligent betrachtet wird. Seit dem 17. Jahrhundert hat **smelt** auch die Bedeutung „Einfaltspinsel". Leicht zu erraten, warum *Dudley Dursley* gerade in diese Schule geht. Hier begegnen wir auch wieder den „knickerbockers" (siehe oben), die Teil seiner Schuluniform sind, bezeichnenderweise in der Nationalfarbe der Holländer, in Orange. Der Degen eines Eliteschülers wird ersetzt durch einen Knotenstock, mit dem auch der Vater verdroschen wird, obenherum trägt man „kastanienbraune Fräcke" und einen „boater", einen flachen Strohhut, wie ihn Bootsfahrer in den Eliteuniversitäten Oxford und Cambridge tragen – kurz: *Dudleys* Schuluniform ist ein lächerliches Sammelsurium von (farblich und auch sonst) nicht zusammenpassenden Teilen, während Harrys Schuluniform in **Stonewall High** einfach grau ist...

Man kann natürlich auch vom einfach Verb **to smelt** ausgehen, welches *schmelzen* bedeutet. Mithin wäre die Schule ein Schmelztiegel des Wissens...

Snape, Severus

to snape:

jemanden hart behandeln, tadeln, ihm Vorwürfe machen, Kinder einschüchtern

severus (lat.):

streng

Nach jüngsten Aussagen der Autorin hat sie sich vom Ortsnamen **Snape** inspirieren lassen. Orte dieses Namens gibt es gleich zwei in England, zum einen in *Suffolk*, zum anderen in *North Yorkshire* – ihr habt die freie Auswahl!

sneakoscope

to sneak:

herumschleichen

skopein:

griechisch für *sehen*

Zeigt an, ob böse Menschen in der Nähe sind, reagiert besonders empfindlich auf eine gewisse Ratte.

snitch

to snitch:

Fische mit einer Schlinge fangen – man beachte
die Beschreibung des Quidditchspielfeldes...

Sorting Hat

Der sprechende Hut teilt nach intensiver Gedan-
kenerforschung der Neulinge diese den jewei-
ligen Häusern zu. Schönes Nebenergebnis der
Zeremonie: eine Liste von Harrys Jahrgangs-
kameraden und –innen (Jahrgang 1991).

Abbot, Hannah	Hufflepuff	(abbot: der Abt)
Bones, Susan	Hufflepuff	(bones: die Knochen)
Boot, Terry	Ravenclaw	(boot: der Stiefel)
Brocklehurst, Mandy	Ravenclaw	(brocklehurst: der Geröllhügel, Abfallhaufen)
Brown, Lavender	Gryffindor	(brown: braun)
Bulstrode, Millicent	Slytherin	(siehe oben)
Finch-Fletchley, Justin	Hufflepuff	(in etwa Herr Fink-Schütze)
Finnigan, Seamus	Gryffindor	(eindeutig irischer Ab-stammung)
Granger, Hermi(o)ne	Gryffindor	(siehe oben)

Longbottom, Neville	Gryffindor	(siehe oben)
Mc Dougal, Morag	?	(eindeutig schottisch, Morag ist die gälische Form von Sarah)
Malfoy, Draco	Slytherin	(siehe oben)
Moon	?	?
Nott	?	?
Parkinson Pansy	Slytherin	(siehe oben)
Patil, Parvati	Gryffindor	(siehe oben)
Patil, Padma (Zwillinge)	Ravenclaw	(siehe oben)
Perks, Sally-Anne	?	(perk: die Vergünstigung)
Potter, Harry	Gryffindor	
Thomas, Dean	Gryffindor	(nicht in der deutschen/ britischen Ausgabe)
Turpin, Lisa	Ravenclaw	(turpin: der Hase)
Weasley, Ron	Gryffindor	(siehe unten)
Zabini, Blaise	Slytherin	(siehe unten)

spellotape

sellotape, cellotape:

Markenname der Firma *Adhesive Tapes* für ein
Klebeband aus Zellulose oder Plastik...

Zaubertesafilm...

spells

Zaubersprüche, die überall nachzulesen sind –
außerdem auch leichtverständlich, da Latein...

Spinnet, Alicia

Die junge Dame ist *chaser* im Quidditchteam
von *Gryffindor*, mithin also positiv vorbesetzt.

Ein **spinnet** ist ein Musikinstrument, ein Klein-
klavier (Spinet), aber **to spin** heißt *sich drehen*
und paßt hervorragend zur berühmtesten englischen Ballett-Tänzerin aller Zeiten: *Dame* **Alicia**
*Markova (*1910)*, von der Queen geadelt und
geehrt.

Spore, Phyllida

Die Verfasserin des grundlegenden Zauberpflanzenbuches *One Thousand Magical Herbs and Fungi* hat den entsprechenden botanischen Namen, zusammengesetzt aus *Sporen* und *Blätter...*

Sprout, Professor

to sprout:

sprießen, wachsen

Stoatshead Hill

Wieselkopfhügel – passende Wohngegend für eine Wieselfamilie

Switch, Emeric

switch:

Schalter, Umschalter

emery, emeric:

Schmirgel (zum Glätten von unsauberen Kanten)

Verfasser des grundlegenden Lehrbuches *Transfiguration for Beginners.*

T

The Burrow (the Weasleys' Home)

burrow:

Bau eines Fuchses, eines Wiesels, aber auch eine Abraumhalde im Bergbau – eine zarte Anspielung auf den Zustand der *Weasley*behausung...

Die *Burrows* gehören aber auch zu den Gästen von *Bilbo Baggins* auf seiner Abschiedsparty – bevor er mit dem Großen Ring auf Reisen geht. Auch dies eine kleine Anspielung auf *Tolkiens* Herrn der Ringe. Übrigens erinnern gerade die *Weasleys* in mancher Hinsicht an die *Hobbits*, mit einer Ausnahme: die *Hobbits* hatten *Tolkien* zufolge niemals mit Magie zu tun.

Thomas, Dean

Tutshill ist ein Ort unweit der Grenze zu Wales, wo JKR in die Grundschule ging. Der Ort liegt am Rand eines weitläufigen Waldgebietes, des **Forest of Dean** – Zufall?

Thomas, der ungläubige Apostel und Heilige – ein skeptischer Schlafgenosse für *Seamus, Ron* und *Harry*.

Wahrscheinlicher ist eine Anspielung auf den Autor **Keith Thomas**, der grundlegende Schriften zur Ablösung der Magie durch die Religion verfaßt hat, z.B.: **Religion and the Decline of Magic**, erschienen 1991 bei Penguin.

Timms, Agatha

Eines der Wettbetrugsopfer von **Ludo Bagman**.

Um den Namen werde ich mich bei Gelegenheit kümmern – es sei denn, jemand hilft mir...

Zumindest weiß man, daß sie einen Aalzuchtbetrieb aufs Spiel gesetzt hat...

Trelawney, Sibyll

Sibyll:

antike Wahrsagerin und Hexe, von der es mehrere gegeben haben soll, z.B. die Dame im Orakel von Delphi

Trelawney:

ein populäres Volkslied, die Nationalhymne Cornwalls über den Bischof *Jonathan Trelawney*, der von den Engländern 1687 in den Tower geworfen wurde - passend zu *Sibylls* Todeswarnungen:

Chorus:

And shall Trelawney live?
Or shall Trelawney die?
Here's twenty thousand Cornish men
Will know the reason why.

Trimble, Quentin

to tremble:

zittern

San Quentin:

berüchtigtes Gefängnis

Der angstzitternde Herr hat immerhin *The Dark Force: A Guide to Self-Protection* verfaßt – nicht gerade eine Empfehlung.

U

Uric the Oddball

ein berühmter Zauberer, geschichtlich wertvoll, mit einem doch recht seltsamen Namen: *Urini, der Exzentriker*, wobei verschlimmernd hinzukommt, daß das Ganze noch zweideutig werden kann – *honny soit qui mal y pense...*

V

Vablatsky, Cassandra

Helena Blavatsky (1831-1891):

Mystikerin, Gründerin der Theosophischen Gesellschaft

Cassandra:

eine Tochter des Königs Priamus von Troja. Apollo begehrte sie und gab ihr die Gabe der Weissagung; sie betrog ihn und Apollo fügte es so, daß ihre Cassandrarufe, obwohl sie der Wahrheit entsprachen, von niemandem geglaubt wurden.

Veela

In der serbokroatischen und slovenischen Sagenwelt sind **Vilas** Elfen oder Nymphen mit Ziegenfüßen, roten Haaren und ebensolchen

Fingernägeln, eifersüchtig und launenhaft, besonders gefährlich für unverheiratete Männer...

Viridian, Vindictus

vindictive:

rachelüstern

viridian:

Veroneser Grün

Es nimmt kaum Wunder, daß dieser nette Mensch ein Standardwerk über Racheflüche und ihre Abwehr verfaßt hat.

Voldemort

vol + de + mort (frz):

Schwingen des Todes

W

Waffling, Adalbert

to waffle:

labern, geschwollen daherreden

Adalbert:

lebte ca. 1000-1072, Erzbischof von Bremen, machte sich unter anderem um die Christiani-sierung der *Orkneys* verdient; daneben gibt es noch mindestens drei Heilige selbigen Namens – ihr habt die freie Auswahl...

Author von *Magical Theory* und *A History of Magic.*

Warbeck, Celestina

die singende Radiohexe

celestine, celestial:

himmlisch

Warbeck, Stephen:

Komponist ‚himmlischer' Filmmusiken, wie zu
Shakespeare in Love...

Weasley

weaselly:

wieselartig, wie ein Wiesel, in einigen englisch-
deutschen Lexika auch: *fuchsfarbig, rot,* passend
zur dominant vererbten Haarfarbe der Familie...

Ron (Ronald):

alter teutonischer Name, der „durch seinen Rat
werden wir leben" bedeutet – ein Hinweis?

Ginny:

Wer kennt noch die *Bezaubernde Jeannie,* ein
Hausgeist mit großer Macht über das männliche
Geschlecht?

Percy:

Percival für Arme – dieser Name war lange Zeit
dem Adel vorbehalten, das einfache Volk durfte
nur die Kurzform verwenden...

Arthur:

König *Artus*...

Weatherby

Bartemius Crouch nennt *Percy Weasley* permanent **Weatherby** aus zwei Gründen: zum einen
gibt es eine entfernte Ähnlichkeit des Namens
mit *Weasley*, aber *Crouch* hat ja bekanntlich
ein hervorragendes Sprachgedächtnis, das ihn
nicht permanent so täuschen würde. Also ist
Grund zwei wahrscheinlicher: permanente To-
desahnungen – im Film **Wetherby** / (1985)
kommt in der Eröffnungsszene ein junger Frem-
der in das Haus einer alleinstehenden Lehrerin
(!) und begeht vor ihren Augen Selbstmord...

Thema das Filmes ist die Frage, ob das Leben
in der Zeit sozialen Niedergangs (Thatcherära in
England) noch irgendeinen Sinn hat – Ähnlich-
keiten mit der Familie *Crouch* sind garantiert
nicht zufällig!

Wendelin the Weird

eine mittelalterliche Hexe, die die für sie absolut unschädliche Hexenverbrennung so genoß, daß sie das Schauspiel 47mal über sich ergehen ließ

Der Heilige *Wendelin* aus Schottland (554-617) war zwar der Sohn eines schottischen Königs, wurde als Eremit und Schafhirte bestimmt für etwas seltsam (**weird**) gehalten, war aber bestimmt nicht weiblichen Geschlechts – Wunder über Wunder...

Wimbourne Wasps

Zu seinen aktiven Zeiten spielte *Ludo Bagman* für diese Quidditchmannschaft. Auch bei der Weltmeisterschaft trägt er noch das *Wespenkostüm* (**wasp**) seiner Mannschaft. **Wimbourne** ist ein Ort in Südengland, in Dorset...

Wimple, Gilbert

Gilbert:

Name für einen Kater

to wimple:

verschleiern, zudecken

Der Herr ist im *Committee on Experimental Charms* und muß dort wohl die Folgen mancher unerprobter Zaubersprüche vertuschen und rückgängig machen – was nicht immer einfach ist, wie man an seinen Hörnern sieht.

Winky

like winky:

sofort, sogleich – Wahlspruch für einen dienstbaren Hausgeist

Wood, Oliver

wood:

Holz – jedermann bekannt; weniger bekannt ist das Eigenschaftswort, das viel besser paßt: *toll, tollwütig, rücksichtslos, zornig, wütend...*

Ein Holzkopf? Jedenfalls ganz verbohrt und verbissen in Quidditch...

Woodcroft, Hengist of

eine weitere von vielen Schokofroschbildkarten, die letzte...

JKR zeigt uns einmal mehr auf bewunderns-
werte Weise ihre Kenntnisse althergebrachter
englischer Ausdrücke:

Hengist:

Er landete im Jahre 449 zusammen mit seinem
Bruder *Horsa* als Anführer der Angeln, Sachsen
und Jüten in England, um den Briten gegen die
bösen Pikten beizustehen – kennt jedes englische Schulkind aus dem Geschichtsunterricht.

Woodcroft:

eine Maßeinheit für ein Stück Land im Wald

Wronski Feint

eine gefährliche Finte im Quidditch, benannt
nach **Hoëné Joseph Marie Wronsky**, einem
polnischen Mathematiker (1778-1853), der sich
besonders mit der Differentialrechnung befaßt
hat – und die braucht man, um Flugkurven zu
berechnen

Y

Yule Ball

yule:

ein etwas altmodisches Wort für Weihnachten

Harrys erster Ball, mit Festkleidung, Tanz – und Mädchen!

Z

Zabini, Blaise

Raten ist angesagt:

Alessandro Zabini hat eine Reihe von englischen historischen und mythischen Romanen ins Italienische übersetzt, schreibt selbst Bücher über UFOs.

Blaise Pascal (1623-1662) war ein französischer Philosoph, Mathematiker und Wissenschaftler. Nach ihm ist die Einheit des Luftdrucks benannt.

Modesty Blaise ist die zur Kultfigur aufgestiegene Superheldin des Thriller-Autors *Peter O'Donnell.*

Zonko's

zonking great:

umwerfend gut

zonked:

sturzbesoffen - was auch immer, der Leser hat die Wahl.

Zweinstein

so heißt **Hogwarts** in der holländischen Ausgabe.

Albus Perkamentus und **Hermelien Griffel** – wer sind die wohl?

Rudolf Hein

geboren 1954,

ist wie Frau Rowling Lehrer für Französisch, daneben auch noch für Englisch.

Fasziniert von der Aussagekraft der Namen und der großen Menge an magischen und mystischen Anspielungen beschloß er bei der Lektüre von ‚Harry Potter and the Goblet of Fire', einigen Gedankengängen seiner „Kollegin" nachzuspüren. Seit Tolkiens ‚Hobbit' ist er der Fantasyliteratur zugetan und arbeitet bei Erscheinen dieses Buches an einem Lexikon zu Philip Pullmans ‚His Dark Materials'.